초등학생을 위한
교과서 필수 초등한자
500자 쓰기노트

초등학생을 위한
고과서 필수 초등한자 500자 쓰기노트

2쇄 인쇄   2025년 6월 10일
2쇄 발행   2025년 6월 15일

편저자   시사정보연구원
발행인   권윤삼
발행처   도서출판 산수야

등록번호   제2002-000278호
주소   서울시 마포구 월드컵로 165-4
우편번호   03962
전화   02-332-9655
팩스   02-335-0674

ISBN 978-89-8097-551-8   73710

값은 뒤표지에 있습니다. 잘못된 책은 바꾸어 드립니다.

이 책의 모든 법적 권리는 도서출판 산수야에 있습니다.
저작권법에 의해 보호받는 저작물이므로
본사의 허락 없이 무단 전재, 복제, 전자출판 등을 금합니다.

초등 교과서 기초 한자 시리즈

초등학생을 위한
교과서 필수 초등한자
500자 쓰기노트

시사정보연구원 편저

시사패스
SISAPASS.COM

★ 머리말

성적을 쑥쑥 올려주는 어휘력의 힘
초등학생을 위한 교과서 필수 초등한자 500자 쓰기노트

 어린이 여러분, 스스로 공부할 때나 책을 읽을 때, 혹은 대화를 나눌 때 이해하기 어려운 낱말을 접한 경험이 있나요? 특히 교과서에 나오는 단어나 문장 중에서 정확하게 이해되지 않는 부분은 없었나요? 아니면 답답하거나 살짝 당황한 적은요? 그래요. 나의 어휘력이 부족할 때 생겨나는 현상이에요. 어렵거나 모르는 낱말은 부모님께 묻거나 사전을 찾거나 친구에게 물어서 이해하고 넘어가면 좋은데 지나치면 그 단어가 또 나왔을 때 당황하게 된답니다. 그 이유는 낱말을 정확하게 이해해야 우리말과 문장을 이해할 수 있기 때문이지요.

 우리말의 70퍼센트는 한자어로 구성되어 있어요. 중국과 일본과 한국은 동아시아의 대표적인 나라이며, 모두 한자를 사용하고 있지요. 그러니 어휘에 한자어가 많겠죠? 특히 추상적인 어휘가 많이 등장하는 사회나 과학, 수학 과목을 공부할 때도 성적을 제대로 향상시키고 싶다면 한자를 많이 아는 것이 큰 도움이 된답니다.

 『초등학생을 위한 교과서 필수 초등한자 500자 쓰기노트』는 학습을 강요하는 책이 아니라 인성과 창의력, 어휘력을 늘리는 데 중점을 두었습니다. 다양한 단어들로 구성된 읽을거리는 독해력과 사고력을 높이니 꼭 활용하세요. 특히 이 책은 한자의 뜻, 소리, 모양과 자원, 부수, 총획수, 쓰기 연습, 획순, 어휘 등의 순으로 한자를 재미있게 학습할 수 있을 뿐만 아니라 한자능력시험도 대비할 수 있답니다.

초등한자 500자는 한자급수 5급에 해당하는 한자를 교과서에 나오는 단어들로 재구성하여 어휘력도 높이고 성적도 올릴 수 있도록 배려했습니다. 한자시험도 대비하면서 성적도 쑥쑥 올릴 수 있으니 일석이조의 효과를 누릴 수 있어요. 급수별 시험문제들은 응시하는 곳의 홈페이지에서 무료로 사용할 수 있답니다.
　어린이 여러분, 한꺼번에 많은 분량을 공부하는 것보다는 조금씩, 꾸준하게 하는 것이 중요합니다. 자신이 할 수 있는 분량을 관찰한 뒤, 스스로 계획을 세워서 실천하는 어린이가 되기를 희망합니다.

★ 한자 맛보기 | '혹시 한자가 어렵지는 않을까?' 라고 생각하는 어린이들을 위해 복잡한 획순과 원리를 깨치는 데 목표를 두고 한자의 원리, 부수, 획순에 대한 기초 이론을 설명하여 본격적인 한자 익히기에 도움이 될 수 있도록 구성하였습니다.

★ 한자 익히기 | 한자의 형(形)·음(音)·의(意)·부수 등을 쉽고 체계적으로 학습할 수 있도록 구성하였습니다.

★ 어휘력 쌓기 | 공부한 한자를 바로 활용하여 어휘력을 높일 수 있도록 교과서 단어를 중심으로 문장을 구성하였습니다. 문장 속에서 어떻게 활용되는지 살펴봄으로써 창의성과 문제 해결 능력을 높이고 성적도 쑥쑥 올릴 수 있도록 구성하였습니다.

★ 사자성어로 배우기 | 사자성어를 통하여 상상력과 지적 호기심을 채워주고, 어휘력을 높여 한자 활용에 자신감을 갖도록 구성하였습니다.

★ 한자능력시험 5급 대비 | 5급 시험을 대비할 수 있도록 구성하였습니다.

★ 한자의 형성 원리를 배워요

1. 한자는 실제 모양과 형태를 본뜬 글자예요. 상형문자라고 하지요.

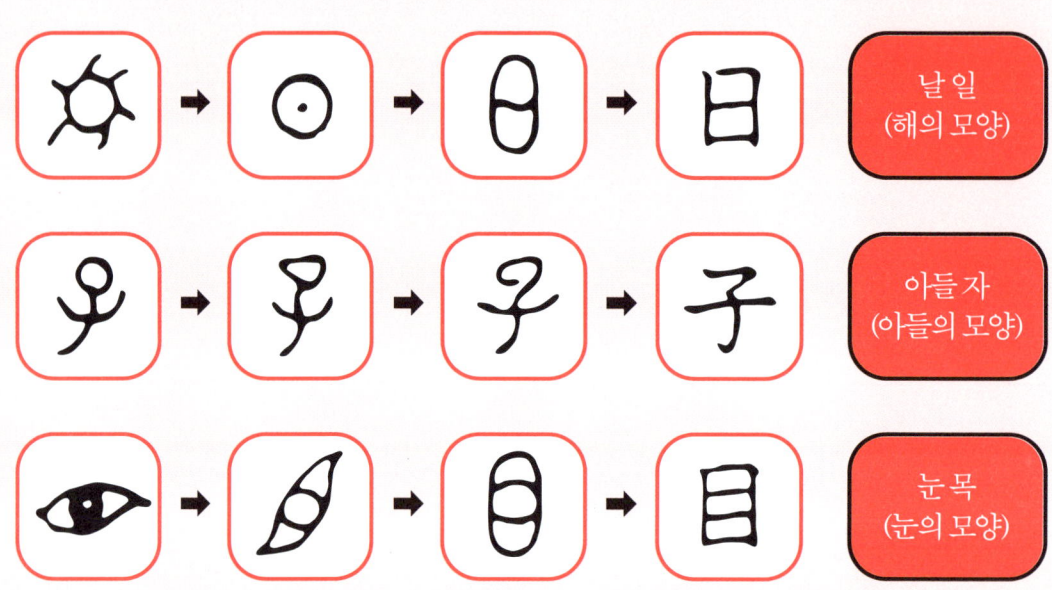

2. 실제 모양으로 나타낼 수 없는 것은 점이나 선이나 부호로 그려 글자를 만들어요. 지사문자라고 하지요.

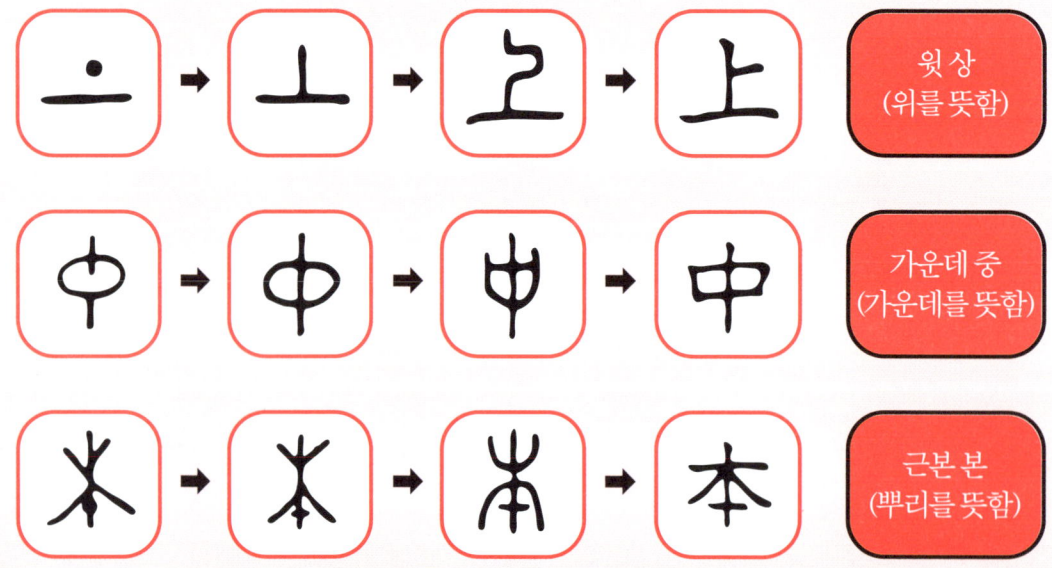

3. 이미 만들어진 글자를 둘 이상 합쳐서 새로운 글자를 만들어요.
   회의문자나 형성문자라고 하지요.

밭에서 힘써 일하는 사람을 남자로 나타냈어요.

해와 달이 같이 있으니 엄청 밝다는 뜻이 됩니다.

사람이 나무 아래서 쉬고 있다는 뜻이에요.

★ 한자 쓰기의 기본 원칙을 배워요

1. 위에서 아래로 쓴다.

| 言 말씀 언 | `ˋ 二 ≡ 言 言 言 言` |
| 雲 구름 운 | `一 厂 戶 币 币 雨 雨 雨 雲 雲 雲` |

2. 왼쪽에서 오른쪽으로 쓴다.

| 江 강 강 | `丶 冫 氵 汀 江 江` |
| 例 법식 예 | `丿 亻 亻 伊 伊 例 例 例` |

3. 가로획과 세로획이 겹칠 때는 가로획을 먼저 쓴다.

| 用 쓸 용 | `丿 冂 月 月 用` |
| 共 함께 공 | `一 十 卄 共 共 共` |

4. 삐침과 파임이 만날 때는 삐침을 먼저 쓴다.

| 人 사람 인 | `丿 人` |
| 文 글월 문 | `丶 二 亠 文` |

5. 좌우가 대칭될 때에는 가운데를 먼저 쓴다.

| 小 작을 소 | `亅 小 小` |
| 承 받들 승 | `フ 了 孑 孑 孑 承 承` |

6. 둘러 싼 모양으로 된 자는 바깥쪽을 먼저 쓴다.

同 같을 동	丨 冂 冂 同 同 同
病 병날 병	丶 亠 广 广 疒 疒 疒 病 病 病

7. 글자를 가로지르는 가로획은 나중에 긋는다.

女 여자 녀	〈 夊 女
母 어미 모	〈 ㄅ ㄅ 毌 母

8. 글자 전체를 꿰뚫는 세로획은 나중에 쓴다.

車 수레 거	一 亅 冂 冃 目 亘 車
事 일 사	一 亅 冂 曰 큭 写 弖 事

9. 책받침(辶, 廴)은 나중에 쓴다

近 원근 근	丿 厂 斤 斤 斤 近 近
建 세울 건	기 ⼹ ⼹ ⼹ 를 聿 聿 建 建

10. 오른쪽 위에 점이 있는 글자는 그 점을 나중에 찍는다.

犬 개 견	一 ナ 大 犬
成 이룰 성	丿 厂 厂 厉 成 成 成

★ 부수의 위치와 명칭을 배워요

1. 뜻 : 部(부)의 대표문자를 部首(부수)라 해요.
   즉, 부수는 주로 漢字(한자)의 뜻과 소리를 나타내지요.
   부수에 해당하는 한자가 다른 글자 속에 포함될 때는 글자의 모양이 변해요.
   예)「水」가 왼쪽에 붙을 때는「氵」(삼수변)
   　　「刀」가 오른쪽에 붙을 때는「刂」(칼도방)

2. 위치

   (1) 邊(변) : 부수가 글자의 왼쪽에 있어요.

	예		
	日(날 일) →	明(밝을 명)	時(때 시)
	車(수레 거) →	轉(구를 전)	輪(바퀴 륜)

   (2) 傍, 旁(방) : 부수가 글자의 오른쪽에 있어요.

	예		
	彡(터럭 삼) →	形(형상 형)	彩(무늬 채)
	隹(새 추) →	雜(섞일 잡)	難(어지러울 난)

   (3) 頭(두 : 머리) : 부수가 글자의 위에 있어요.

	예		
	宀(갓머리) →	安(편안할 안)	定(정할 정)
	竹(대죽머리) →	筆(붓 필)	策(꾀 책)

(4) 脚(각 : 발) : 부수가 글자의 밑에 있어요.

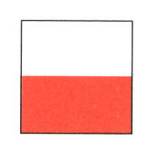
| 예 灬(불화) → 照(비칠 조)   熱(더울 열) |
| 皿(그릇명밑) → 盛(성할 성) 監(살필 감) |

(5) 繞(요 : 받침) : 부수가 글자의 변과 발을 싸고 있어요.

| 예 走(달아날 주) → 起(일어날 기) 越(넘을 월) |
| 辶(책받침) → 近(가까울 근) 進(나갈 진) |

(6) 垂(수 : 엄호) : 부수가 글자의 위와 왼쪽을 싸고 있어요.

| 예 厂(민엄 호) → 原(근본 원)   厚(후할 후) |
| 广(엄 호) → 床(침상 상)   度(법도 도) |

(7) 構(구 : 몸) : 부수가 글자를 에워싸고 있어요.

| 예 囗(큰입구몸) → 國(나라 국) 園(동산 원) |
| 門(문문) → 閑(한가할 한)   間(사이 간) |

(8) 제부수 : 글자 자체가 부수자인 것을 말해요.

| 예 一(한 일), 入(들 입), 色(빛 색), 面(낯 면) |
| 高(높을 고), 麥(보리 맥), 鼓(북 고), 龍(용 용) |

한자	필순	부수
可 옳을 가	一 丁 亍 可 可	부수: 口(입구) 총 5획

可決 가결 | (회의(會議)에서) 제출된 의안(議案)을 합당하다고 결정(決定)함. (決 결단할 결)
可能 가능 | 할 수 있거나 될 수 있음. (能 능할 능)

한자	필순	부수
家 집 가	丶 宀 宀 宀 宁 宇 字 家 家 家	부수: 宀(갓머리) 총 10획

家口 가구 | ① 집안 식구. ② 집안의 사람 수효. ③ 현실적으로 주거 및 생계를 같이 하는 사람의 집단. (口 입 구)
家事 가사 | 집안 살림살이에 관한 일, 또는 한 집안의 사사로운 일. (事 일 사)

한자	필순	부수
歌 노래 가	一 丁 亍 可 可 핑 哥 哥 哥 歌 歌 歌	부수: 欠(하품흠) 총 14획

歌客 가객 | ① 노래를 잘하는 사람. ② 시조 따위를 잘 짓거나 창(唱)을 잘하는 사람을 이르던 말. (客 손 객)
歌手 가수 | 노래 부르는 것을 직업(職業)으로 삼는 사람. (手 손 수)

한자	필순	부수
加 더할 가	フ カ カ 加 加	부수: 力(힘력) 총 5획

加入 가입 | 조직(組織)이나 단체(團體) 따위에 구성원(構成員)이 되기 위해 들어감. (入 들 입)
增加 증가 | 양이나 수치가 늚. 더하여 많아짐. (增 더할 증)

한자	필순	부수
價 값 가	亻 亻 伫 伵 価 価 僧 價	부수: 亻(사람인변) 총 15획

價格 가격 | 물건(物件)이 지니고 있는 가치(價値)를 돈으로 나타낸 것. 값. (格 격식 격)
價値 가치 | ① 사물이 지니고 있는 쓸모. ② 대상이 인간과의 관계에 의하여 지니게 되는 중요성(重要性). (値 값 치)

雪上加霜 설상가상 눈 위에 서리가 덮인다는 뜻으로, 난처한 일이나 불행한 일이 잇따라 일어남을 이르는 말. 雪 눈 설 | 上 윗 상 | 加 더할 가 | 霜 서리 상

角	ノク⺈乃角角角	부수: 角(뿔각) 총7획
뿔각	角度 각도 | ① 각의 크기. ② 생각의 방향이나 관점, 일이 전개(展開)되는 방면. (度 법도 도) 角度計 각도계 | 각도(角度)를 측정(測定)하는 기구(器具). (度 법도 도) (計 셀 계)	

各	ノク久冬各各	부수: 口(입구) 총6획
각각 각	各各 각각 | ① 제각기. ② 따로따로. 各國 각국 | 각 나라. (國 나라 국) 各出 각출 | 각각(各各) 나오는 것. 또는 각각(各各) 내놓는 것. (出 날 출)	

間	｜ｒｒｒｒｒ門門門問間間	부수: 門(문문) 총12획
사이 간	間言 간언 | 남의 사이를 떼어놓는 말. (言 말씀 언) 間印 간인 | 서류(書類)에 얽어 맨 종잇장 사이에 도장(圖章)을 걸쳐 찍음. (印 도장 인, 찍을 인)	

感	ノ厂厂厂厂后咸咸咸咸感感感	부수: 心(마음심) 총13획
느낄 감	感動 감동 | 깊이 느끼어 마음이 움직임. (動 움직일 동) 感情 감정 | 어떤 현상이나 일에 대하여 일어나는 마음이나 느끼는 기분. (情 뜻 정)	

江	丶丶氵汀江江	부수: 氵(삼수변) 총6획
강 강	江南 강남 | ① 강의 남쪽. ② 따뜻한 남쪽 나라. (南 남녘 남) 江北 강북 | ① 강의 북쪽 지방(地方). ② 한강(漢江)의 북쪽 지방(地方). (北 북녘 북)	

主客顚倒 주객전도 주인은 손님처럼 손님은 주인처럼 행동을 바꾸어 한다는 것으로 입장이 뒤바뀐 것을 말함. 主 임금 주/주인 주 ｜ 客 손 객 ｜ 顚 엎드러질 전 ｜ 倒 넘어질 도

強 굳셀 강

｜ ７ ３ ５ ５¹ ５² ５³ ５⁴ 弘 弘 強 強 強 | 부수 : 弓(활궁) 총 12획

- **強國 강국** | 강(強)한 나라. 센 나라. (國 나라 국)
- **強力 강력** | 힘이나 영향이 강함. (力 힘 력)
- **強弱 강약** | ① 강함과 약함. ② 강(強)한 자(者)와 약한 자(者). (弱 약할 약)

開 열 개

｜ ｢ ｢ ｢ ｢ 門 門 門 門 閂 開 開 | 부수 : 門(문문) 총 12획

- **開國 개국** | ① 새로 나라를 세움. ② 외국(外國)과의 교제(交際)를 처음으로 시작(始作)함. (國 나라 국)
- **開學 개학** | 방학(放學)을 마치고 다시 수업(授業)을 시작(始作)함. (學 배울 학)

改 고칠 개

｀ ｢ ｢ ｢¹ ｢² 攺 改 | 부수 : 攵(등글월문) 총 7획

- **改善 개선** | 잘못을 고쳐 좋게 함. (善 착할 선)
- **改定 개정** | 이미 정하였던 것을 다시 고치어 정함. (定 정할 정)
- **改革 개혁** | 제도나 기구 따위를 새롭게 뜯어고침. (革 가죽 혁)

客 손 객

宀 宀 宀 灾 灾 客 客 | 부수 : 宀(갓머리) 총 9획

- **客席 객석** | 극장 따위에서 손님이 앉는 자리. (席 자리 석)
- **客室 객실** | 손님을 거처(居處)하게 하거나 접대할 수 있도록 정해 놓은 방(房). (室 집 실)

去 갈 거

一 十 土 去 去 | 부수 : 厶(마늘모) 총 5획

- **去來 거래** | 주고받음. 또는 사고팖. 친분 관계를 이루기 위하여 오고감. (來 올 래)
- **過去 과거** | ① 이미 지나간 때. ② 지나간 일이나 생활. (過 지날 과)
- **除去 제거** | 없애 버림. 사물(事物)이나 현상(現象)을 없애거나 사라지게 하는 것. (除 덜 제)

去頭截尾 거두절미 '머리와 꼬리를 잘라버린다'는 뜻으로, 앞뒤를 생략(省略)하고 본론(本論)으로 들어감. 去 갈 거 | 頭 머리 두 | 截 끊을 절 | 尾 꼬리 미

車 수레 거(차)

一 𠂉 𠃍 𠃑 百 亘 車

부수: 車(수레거) 총 7획

車駕 거가 | ① 임금이 타는 수레. ② 임금의 행차(行次). (駕 멍에 가)
車馬 거마 | ① 수레와 말. ② 수레에 맨 말. (馬 말 마)
乘車 승차 | 차를 탐. (乘 탈 승)

擧 들 거

丶 丷 乊 𦥯 𦥑 𦥓 𦥒 與 與 擧 擧

부수: 手(손수) 총 18획

科擧 과거 | 우리나라와 중국에서 관리를 뽑을 때 보던 시험(試驗). (科 과목 과)
選擧 선거 | 일정한 조직(組織)이나 집단(集團)이 대표자나 임원(任員)을 뽑는 일. (選 가릴 선)

件 물건 건

丿 亻 𠆢 𠆤 伀 件

부수: 亻(사람인변) 총 6획

物件 물건 | 일정한 형체를 갖춘 모든 물질적 대상(對象). (物 물건 물)
條件 조건 | 어떤 일을 이루게 하거나 이루지 못하게 하기 위하여 갖추어야 할 상태나 요소(要素). (條 가지 조)

建 세울 건

𠃍 彐 ヨ 丰 聿 𦘒 建

부수: 廴(민책받침) 총 9획

建國 건국 | 나라가 세워짐. 또는 나라를 세움. (國 나라 국)
建物 건물 | 사람이 들어 살거나, 일을 하거나, 물건을 보관하기 위해 지은 것을 이르는 말. (物 물건 물)

健 굳셀 건

丿 亻 𠆢 𠆤 伃 伊 侓 俥 健 健

부수: 亻(사람인변) 총 11획

健康 건강 | 정신적으로나 육체적으로 아무 탈이 없고 튼튼함. 또는 그런 상태(狀態). (康 편안 강)
健全 건전 | ① 건강(健康)하고 온전(穩全)함. ② 튼튼하고 착실(着實)함. (全 온전할 전)

一擧兩得 일거양득 | 한 가지의 일로 두 가지의 이익(利益)을 보는 것. 一 한 일 | 擧 들 거 | 兩 두 양(량) | 得 얻을 득

| 格 | 一十才才枌枌柊格格 | 부수: 木(나무목) 총 10획 |

격식 격

價格 가격 | 물건(物件)이 지니고 있는 가치(價値)를 돈으로 나타낸 것. 값. (價 값 가)
合格 합격 | 시험(試驗)이나 조건(條件)에 맞아서 뽑힘. (合 합할 합)

| 見 | 丨冂冂目目貝見 | 부수: 見(볼견) 총 7획 |

볼 견, 뵈올 현

見學 견학 | 실지(實地)로 보고 그 일에 관한 구체적인 지식(知識)을 넓힘. (學 배울 학)
發見 발견 | 미처 찾아내지 못하였거나 알려지지 아니한 것을 찾아냄. (發 필 발)

| 決 | 丶氵氵江江決決 | 부수: 氵(삼수변) 총 7획 |

결단할 결

決定 결정 | 행동이나 태도를 분명하게 정함. 또는 그렇게 정해진 내용. (定 정할 정)
解決 해결 | ①얽힌 일을 풀어 처리(處理)함. ②문제(問題)를 풀어서 결말(結末)을 지음. (解 풀 해)

| 結 | 乚幺幺幺糸糸紅紅結 | 부수: 糸(실사변) 총 12획 |

맺을 결

結果 결과 | 열매를 맺음. 또는 그 열매. 어떤 원인(原因)으로 결말(結末)이 생김. (果 실과 과)
結末 결말 | 어떤 일이 마무리되는 끝. (末 끝 말)

| 京 | 丶一亠亠吉亨京京 | 부수: 亠(돼지해머리) 총 8획 |

서울 경

京仁 경인 | 서울과 인천(仁川)을 아울러 일컫는 말. (仁 어질 인)
京畿 경기 | ① 서울을 중심(中心)으로 한 가까운 주위(周圍)의 땅. ② 경기도(京畿道)의 준말. (畿 경기 기)

結草報恩 결초보은 : 풀을 묶어서 은혜(恩惠)를 갚는다 라는 뜻으로, 죽은 뒤에라도 은혜를 잊지않고 갚음을 이르는 말. 結 맺을 결 | 草 풀 초 | 報 갚을 보 | 恩 은혜 은

景	ㅁ 日 旦 묘 몸 景 景	부수: 日(날일) 총 12획
볕 경, 그림자 영	景觀 경관 | 산이나 들, 강, 바다 따위의 자연(自然)이나 지역의 풍경(風景). (觀 볼 관) 景致 경치 | 자연(自然)의 아름다운 모습. (致 이를 치)	

敬	ー ー ᅶ ᅶ ᅔ ᅕ ᅕ 敬	부수: 攵(등글월문) 총 13획
공경 경	敬意 경의 | ①공경(恭敬)하는 마음. ②존경(尊敬)하는 뜻. (意 뜻 의) 敬聽 경청 | 남의 말을 공경(恭敬)하는 태도(態度)로 들음. (聽 들을 청) 尊敬 존경 | 남의 인격, 사상, 행위 따위를 받들어 공경(恭敬)함. (尊 높을 존)	

輕	ㅁ 曰 旦 車 車 輕 輕	부수: 車(수레거) 총 14획
가벼울 경	輕量 경량 | 가벼운 무게. (量 헤아릴 량) 輕傷 경상 | 조금 다침 또는 그 상처(傷處). (傷 다칠 상) 輕視 경시 | 대수롭지 않게 보거나 업신여김. (視 볼 시)	

競	ヽ ー ㅛ 音 音 競 競	부수: 立(설립) 총 20획
다툴 경	競技 경기 | 일정한 규칙(規則) 아래 기량(技倆)과 기술(技術)을 겨룸. 또는 그런 일. (技 재주 기) 競爭 경쟁 | 같은 목적을 두고 이기거나 더 큰 이익을 얻으려고 겨루는 것 (爭 다툴 쟁)	

界	ㅣ ㅁ 曰 田 田 ㅂ ㅂ 界 界	부수: 田(밭전) 총 9획
지경 계	境界 경계 | ①사물이 어떠한 기준에 의하여 분간되는 한계. ②지역이 구분되는 한계. (境 지경 경) 世界 세계 | ①지구 상의 모든 나라. ②대상이나 현상의 모든 범위. (世 인간 세)	

敬老思想 경로사상 노인(老人)을 공경(恭敬)하는 생각. 敬 공경 경 | 老 늙을 로(노) | 思 생각사 | 想 생각할 상

計

一 亠 ㆍ言 言 言 計

부수: 言 (말씀언) 총 9획

셀 계

計算 계산 | ① 수를 헤아림. ② 주어진 수나 식을 일정한 규칙에 따라 처리하여 수치(數値)를 구(求)하는 일. (算 셈 산)
計劃 계획 | 앞으로 할 일의 절차, 방법, 규모따위를 미리 헤아려 작정함. (劃 그을 획)

高

ㆍ 亠 亠 咅 咅 高 高 高 高

부수: 高(높을고) 총 10획

높을 고

高揚 고양 | ① 높이 쳐들어 올림. ② 정신이나 기분 따위를 북돋워서 높임. (揚 날릴 양)
高低 고저 | ① 높고 낮음. ② 높낮이. (低 낮을 저)
高下 고하 | ① 나이의 많음과 적음. ② 신분이나 지위의 높음과 낮음. (下 아래 하)

苦

一 十 卝 艹 芒 뀨 꾸 苦 苦

부수: ++(초두머리) 총 9획

쓸 고

苦待 고대 | 매우 기다림. 학수고대(鶴首苦待); 학의 목처럼 목을 길게 빼고 간절히 기다림. (待 기다릴 대)
苦役 고역 | 몹시 힘들고 고되어 견디기 어려운 일. (役 부릴 역)

古

一 十 十 古 古

부수: 口(입구) 총 5획

옛 고

古代 고대 | 역사 시대 구분의 하나로, 원시 시대와 중세 사이의 시대. (代 대신할 대)
古典 고전 | 오랫동안 많은 사람에게 널리 읽히고 모범이 될 만한 문학이나 예술 작품. (典 법 전)

告

丿 ㇒ 屮 生 生 告 告

부수: 口(입구) 총 7획

고할 고, 알릴 고

告白 고백 | 마음속에 생각하고 있는 것이나 감추어 둔 것을 사실(事實)대로 숨김없이 말함. (白 흰 백)
報告 보고 | 알리어 바치거나 베풀어 알림. 보고서(報告書)의 준말. (報 갚을 보)

固	丨冂冃用用周周固	부수: 囗(큰입구몸) 총8획
굳을 고	固定 고정 | 한번 정한 대로 변경(變更)하지 아니함. (定 정할 정) 固體 고체 | 일정(一定)한 모양(模樣)과 부피를 가진 물체(物體). 나무, 돌, 쇠, 얼음 따위. (體 몸 체)	

考	一 十 土 耂 耂 考	부수: 耂(늙을로엄) 총6획
생각할 고	考慮 고려 | 생각하고 헤아려 봄. (慮 생각할 려) 考察 고찰 | 어떤 것을 깊이 생각하고 연구함. (察 살필 찰) 思考 사고 | 생각하고 궁리(窮理)함. (思 생각 사)	

曲	丨 冂 曰 曲 曲	부수: 曰(가로왈) 총6획
굽을 곡	曲名 곡명 | 곡의 이름. (名 이름 명) 曲線 곡선 | 구부러진 선(線). (線 줄 선) 歪曲 왜곡 | 사실과 다르게 해석하거나 그릇되게 함. (歪 기울 왜)	

工	一 丅 工	부수: 工(장인공) 총3획
장인 공	工事 공사 | 공장(工場)이나 토목(土木), 건축(建築) 등(等)에 관(關)한 일. (事 일 사) 工夫 공부 | 학문이나 기술을 배우고 익힘. (夫 지아비 부)	

空	丶 宀 宀 宀 宂 空 空 空	부수: 穴(구멍혈) 총8획
빌 공	空氣 공기 | 지구(地球)의 표면(表面)을 둘러싸고 있는 무색(無色), 무취(無臭), 투명(透明)의 기체(氣體). (氣 기운 기) 空中 공중 | 하늘, 하늘 가운데, 중천(中天). (中 중간 중)	

深思熟考 심사숙고   깊이 잘 생각함. 深 깊을 심 | 思 생각 사 | 熟 익을 숙 | 考 생각할 고/살필 고

公 공평할 공

ノ 八 公 公

부수: 八(여덟팔) 총 4획

- **公共 공공** | 국가나 사회의 구성원에게 두루 관계되는 것. (共 한가지 공)
- **公人 공인** | 국가(國家)나 사회(社會)를 위(爲)하여 일하는 사람. (人 사람 인)
- **公休 공휴** | ① 정(定)한 날에 같이 쉼. ② 공휴일(公休日)의 준말. (休 쉴 휴)

功 공 공

一 丁 工 功 功

부수: 力(힘력) 총 5획

- **功勞 공로** | 어떤 목적(目的)을 이루는 데에 힘쓴 노력(努力)이나 수고. (勞 일할 로)
- **功名 공명** | ① 공을 세워 이름을 떨침. ② 공적(功績)과 명예(名譽). ③ 공을 세운 이름. (名 이름 명)

共 함께 공, 한가지 공

一 十 卄 뀨 共 共

부수: 八(여덟팔) 총 6획

- **共感 공감** | 남의 감정, 의견, 주장 따위에 대하여 자기도 그렇다고 느낌. 또는 그렇게 느끼는 기분. (感 느낄 감)
- **共同 공동** | 여러 사람이 일을 같이하거나 같은 자격으로 모이는 결합. (同 한가지 동)

科 과목 과, 과정 과

一 二 千 千 禾 禾 科 科

부수: 禾(벼화) 총 9획

- **科目 과목** | 가르치거나 배워야 할 지식 및 경험의 체계를 세분하여 계통을 세운 영역. (目 눈 목)
- **科程 과정** | 교육과정(敎育課程)의 준말. (程 한도 정)

果 실과 과

一 冂 曰 日 旦 早 果 果

부수: 木(나무목) 총 8획

- **果樹園 과수원** | ① 과실나무를 심은 밭. ② 과실(果實)나무를 재배(栽培)하여 과실(果實)을 거두는 것을 목적으로 하는 영업. (樹 나무 수) (園 동산 원)

過猶不及 과유불급 | 정도(程度)를 지나침은 미치지 못한 것과 같다는 뜻으로, 중용(中庸)이 중요(重要)함을 이르는 말 過 지날 과 | 猶 오히려 유 | 不 아닐 불 | 及 미칠 급

課

` ` 言 言 訒 誢 課 課

부수: 言(말씀언) 총 15획

과정 **과**

課業 과업 | 꼭 하여야 할 일이나 임무(任務). (業 일 업)
課長 과장 | 과(課)의 책임자(責任者). (長 길 장/어른 장)
課題 과제 | 처리하거나 해결해야 할 문제(問題). (題 제목 제)

過

冂 冎 咼 咼 周 過 過

부수: 辶(책받침) 총 13획

지날 **과**, 재앙 **화**

過勞 과로 | 몸이 고달플 정도로 지나치게 일함. 또는 그로 말미암은 지나친 피로(疲勞). (勞 일할 로)
過分 과분 | 분에 넘침. (分 나눌 분)

關

丨 冂 冂 門 門 門 閖 閖 關 關 關

부수: 門(문문) 총 19획

관계할 **관**

關心 관심 | 어떤 일이나 대상(對象)에 마음이 끌려 주의를 기울임. 또는 그런 마음이나 주의. (心 마음 심)
關與 관여 | (어떤 일에) 관계(關係)하여 참여(參與)하는 것. (與 더불 여)

觀

` ` 艹 쑤 苎 쑢 萑 雚 雚 觀 觀

부수: 見(볼견) 총 25획

볼 **관**

觀測 관측 | 육안(肉眼)이나 기계(機械)로 자연 현상 특히 천체나 기상의 상태, 추이, 변화(變化) 따위를 관찰(觀察)하여 측정(測定)하는 일. (測 헤아릴 측)
觀察 관찰 | 사물(事物)이나 현상을 주의하여 자세히 살펴봄. (察 살필 찰)

光

丨 丨 丬 业 光 光

부수: 儿(어진사람인발) 총 6획

빛 **광**

光大 광대 | 크게 번성함. (大 클 대)
光明 광명 | 밝고 환함. 또는 밝은 미래나 희망을 상징하는 밝고 환한 빛. (明 밝을 명)
光線 광선 | ① 빛의 줄기. ② 빛 에너지가 전파되는 경로를 나타내는 선. (線 줄 선)

袖手傍觀 수수방관 팔짱을 끼고 보고만 있다는 뜻으로, 어떤 일을 당(當)하여 옆에서 보고만 있는 것을 말함. 袖 소매 수 | 手 손 수 | 傍 곁 방 | 觀 볼 관

廣

亠广广广产产床库库廣廣

부수: 广(엄호) 총 15획

넓을 광

- 廣告 광고 | 세상(世上)에 널리 알림. 또는 그런 일. (告 고할 고)
- 廣場 광장 | 많은 사람이 모일 수 있도록 거리에 만들어 놓은 넓은 빈터. (場 마당 장)

校

一十十才木木村村杙校校

부수: 木(나무목) 총 10획

학교 교

- 校歌 교가 | 학교(學校)를 상징하는 노래로 학교의 교육 정신, 이상, 특성 등을 담아 학생(學生)으로 하여금 부르게 하는 노래. (歌 노래 가)
- 母校 모교 | 자기(自己)가 졸업(卒業)한 학교(學校). (母 어미 모)

敎

ノメナチチ夯夯孝孝孝敎敎

부수: 攵(등글월문) 총 11획

가르칠 교

- 敎養 교양 | ① 가르쳐 기름. ② 학문, 지식, 사회생활을 바탕으로 이루어지는 품위. (養 기를 양)
- 敎訓 교훈 | 가르치고 깨우침, 타이름, 훈계(訓戒)함. (訓 훈계 훈)

交

丶亠广六交交

부수: 亠(돼지해머리) 총 6획

사귈 교

- 交代 교대 | 서로 번갈아 드는 사람 또는 그 일. (代 대신할 대)
- 交友 교우 | 벗을 사귐. 또는 그 벗. (友 벗 우)
- 交換 교환 | ① 서로 바꿈. ② 서로 주고받고 함. (換 바꿀 환)

橋

一十十木杉杆杯椅橋橋

부수: 木(나무목) 총 16획

다리 교

- 橋脚 교각 | 다리의 몸체를 받치는 기둥. (脚 다리 각)
- 橋梁 교량 | 강이나 내 등을 사람이나 차량이 건널 수 있게 만든, 비교적 큰 규모의 다리. (梁 들보 량)

高臺廣室 고대광실 '높은 누대(樓臺)와 넓은 집' 이라는 뜻으로, 매우 크고 좋은 집을 이르는 말. 高 높을 고 | 臺 대 대 | 廣 넓을 광 | 室 집 실

九	ノ 九	부수: 乙(새을) 총 2획
아홉 구	九十 구십 │ 아흔의 한자어(漢字語). (十 열 십) 九天 구천 │ 하늘의 가장 높은 곳, 또는 하늘 위. 대지(大地)를 중심(中心)으로 한 아홉 하늘. (天 하늘 천)	

口	ㅣ ㄇ 口	부수: 口(입구) 총 3획
입 구	口腔 구강 │ 입 안의 빈 곳. 곧 소화관(消化管)의 맨 앞 끝 부분(部分)으로 입에서 목구멍에 이르는 부분(部分). (腔 빈 속 강) 口呼 구호 │ ① 외침. ② 말로 부름. (呼 부를 호)	

球	一 二 チ 王 玉 玊 玓 玗 玬 球 球	부수: 王(구슬옥변) 총 11획
공 구	球技 구기 │ 공을 사용하는 운동 경기. 야구, 축구, 배구, 탁구 따위가 있음. (技 재주 기) 球團 구단 │ 야구, 축구, 농구 따위를 사업으로 하는 단체. (團 둥글 단)	

區	一 厂 下 下 厅 兄 品 品 品 品 區	부수: ㄴ(감출혜몸) 총 11획
구분할 구, 지경 구	區別 구별 │ 성질이나 종류에 따라 차이가 남. 또는 성질이나 종류에 따라 갈라 놓음. (別 나눌 별) 區分 구분 │ 일정한 기준에 따라 전체를 몇 개로 갈라 나눔. (分 나눌 분)	

具	ㅣ ㄇ 目 且 具	부수: 八(여덟팔) 총 8획
갖출 구	教具 교구 │ 가르침에 쓰는 온갖 기구(器具). (教 가르칠 교) 道具 도구 │ ① 일을 할 때 쓰는 연장. ② 어떤 목적을 이루기 위한 수단이나 방법. (道 길 도)	

具色親舊 구색친구 썩 가까운 친구가 아닌, 널리 사귀어서 생긴 여러 방면의 친구(親舊). 具 갖출 구 │ 色 빛 색 │ 親 친할 친 │ 舊 예구/옛구

救 구원할 구	一十十十求求救救　　부수: 攵(등글월문) 총 11획

救急 구급 | ① 위급(危急)한 처지(處地)에 놓여 있는 사람을 구(救)하는 일. ② 병이 위급할 때 응급(應急) 치료(治療)를 함. (急 급할 급)
救助 구조 | 구원(救援)하고 도와 줌. (助 도울 조)

舊 예 구, 옛 구	艹艹艹萑萑萑舊舊舊舊　　부수: 臼(절구구) 총 18획

舊面 구면 | 예전부터 알고 있는 처지. 또는 그런 사람. (面 낯 면)
復舊 복구 | 손실 이전의 상태나 모양(模樣)으로 회복함. (復 회복할 복)
親舊 친구 | 오래 두고 가깝게 사귄 친구. (親 친할 친)

國 나라 국	丨冂冂冃冋同屈國國國　　부수: 囗(큰입구몸) 총 11획

國家 국가 | 일정한 영토와 거기에 사는 사람들로 구성되고, 주권에 의한 하나의 통치 조직을 가지고 있는 사회 집단. 국민(國民)·영토(領土)·주권(主權)의 3요소가 필요함. (家 집 가)

局 판 국	ㄱㄱ尸尸局局局　　부수: 尸(주검시엄) 총 7획

局面 국면 | 어떤 일이 벌어진 장면(場面)이나 형편(形便). (面 낯 면)
結局 결국 | 일이 마무리되는 마당이나 일의 결과가 그렇게 돌아감을 이르는 말. (結 맺을 결)

軍 군사 군	一冖冖宀宀宁宣軍軍　　부수: 車(수레거) 총 9획

國軍 국군 | 나라의 군대(軍隊), 대한민국(大韓民國)의 군대(軍隊). (國 나라 국)
軍隊 군대 | 일정(一定)한 조직(組織) 편제(編制)를 가진 군인(軍人)의 집단(集團). (隊 무리 대)

舊態依然 구태의연 | 옛 모양(模樣) 그대로임. 舊 예 구/옛 구 | 態 모습 태 | 依 의지할 의 | 然 그럴 연

郡 고을 군

ㄱ ㄱ ㄱ 尹 尹 君 君 君' 郡 郡

부수: 阝(우부방) 총 10획

郡主 군주 | 조선 시대에 왕세자의 정실(正室)에서 태어난 딸에게 내리던 정이품 외명부의 품계. (主 임금 주)
郡守 군수 | 군(郡)의 행정을 맡아보는 으뜸 직위에 있는 사람. 또는 그 직위. (守 지킬 수)

貴 귀할 귀

ㅁ ㅁ 中 虫 虫 貴 貴

부수: 貝(조개패) 총 12획

貴族 귀족 | 신분(身分)이 높고 가문(家門)이 좋은 사람. (族 겨레 족)
貴下 귀하 | 편지(便紙) 글에서 상대방(相對方)을 높여 이름 다음에 붙여 쓰는 말. (下 아래 하)

規 법 규

二 扌 夫 知 知 相 規

부수: 見(볼견) 총 11획

規律 규율 | 질서나 제도를 유지하기 위하여 정하여 놓은, 행동의 준칙이 되는 본보기. (律 법칙 율)
規定 규정 | 규칙으로 정함. 또는 그 정하여 놓은 것. (定 정할 정)

根 뿌리 근

一 十 才 木 木 札 札 根 根 根

부수: 木(나무목) 총 10획

根據 근거 | ① 근본이 되는 거점. ② 어떤 일이나 의논, 의견에 그 근본이 됨. 또는 그런 까닭. (據 근거 거)
根本 근본 | ① 초목의 뿌리. ② 사물의 본질이나 본바탕. (本 근본 본)

近 가까울 근

′ ㄏ ㄟ 斤 斤 近 近

부수: 辶(책받침) 총 8획

近間 근간 | 이제까지의 매우 짧은 동안. (間 사이 간)
近來 근래 | 가까운 요즈음. (來 올 래)
近接 근접 | 가까이 접근함. (接 이을 접)

貧富貴賤 빈부귀천 가난함과 부유(富裕)함이나 귀함(貴)과 천함을 아울러 이르는 말. 貧 가난할 빈 | 富 부유할 부 | 貴 귀할 귀 | 賤 천할 천

金 쇠금

ノ 人 人 스 仐 仒 余 金

부수: 金(쇠금) 총8획

金剛山 금강산 | 강원도 북부에 있는 이름난 산으로 봄에는 금강산(金剛山), 여름에는 봉래산(蓬萊山), 가을에는 풍악산(楓嶽山), 겨울에는 개골산(皆骨山)으로 불림. (剛 굳셀 강, 山 메 산)

今 이제금

ノ 人 ㅅ 今

부수: 人(사람인) 총4획

古今 고금 | 예전과 지금을 아울러 이르는 말. (古 옛 고)
今年 금년 | 올해. (年 해 년)
今上 금상 | 현재 왕위에 있음. 또는 그런 임금. (上 위 상)

急 급할급

ノ ⺈ 刍 刍 刍 急 急 急 急

부수: 心(마음심) 총9획

急流 급류 | ① 물이 빠른 속도로 흐름. 또는 그 물. ② 어떤 현상이나 사회의 급작스러운 변화를 비유적으로 이르는 말. (流 흐를 류)
急所 급소 | 조금만 다쳐도 생명에 지장을 주는 몸의 중요한 부분. (所 바 소)

級 등급급

ㄥ ㄠ 幺 乡 糸 糸 紅 紉 紐 級

부수: 糸(실사변) 총10획

級數 급수 | ① 기술 따위를 우열에 따라 매긴 등급. ② 일정한 법칙에 따라 증감하는 수를 일정한 순서로 배열한 수열의 합. (數 셈 수)
級訓 급훈 | 학급에서 교육 목표로 정한 덕목. (訓 가르칠 훈)

給 줄급

ㄥ ㄠ 糸 紒 紒 給 給

부수: 糸(실사변) 총12획

給食 급식 | 식사(食事)를 공급(供給)함. 또는 그 식사. (食 밥 식)
給與 급여 | 돈이나 물품(物品) 따위를 줌. 또는 그 돈이나 물품. (與 더불 여)
支給 지급 | 돈이나 물품(物品) 따위를 정하여진 몫만큼 내줌. (支 지탱할 지)

自給自足 자급자족 자기(自己)가 필요(必要)한 것을 스스로 생산(生産)하여 충당(充當)함. 自 스스로자 | 給 줄급 | 自 스스로자 | 足 발족

氣

`ノ 一 一 气 气 气 气 気 氣 氣`

부수: 气(기운기엄) 총 10획

기운 기

氣力 기력 | 일을 감당해 나갈 수 있는 정신과 육체(肉體)의 힘. (力 힘 력)
氣分 기분 | ① 마음에 생기는 유쾌·불쾌·우울 따위의 주관적이고 단순(單純)한 감정(感情) 상태(狀態). ② 분위기(雰圍氣). (分 나눌 분)

記

`丶 一 亠 言 言 言 訁 訁 記 記`

부수: 言(말씀언) 총 10획

기록할 기

記事 기사 | ① 사실(事實)을 적음, 또는 그런 글. ② 신문(新聞)이나 잡지(雜誌) 등(等)에 어떤 사실(事實)을 실어 알리는 글. (事 일 사)
記錄 기록 | 사실(事實)을 적은 서류(書類), 또는 사실(事實)을 적음. (錄 적을 록)

旗

`丶 一 亠 方 方 圹 圹 圹 斻 斻 旗 旗 旗 旗`

부수: 方(모방) 총 14획

기 기

旗手 기수 | ① 기를 가지고 신호(信號)하는 일을 맡은 사람. ② 일반(一般) 행사(行事)나 군대(軍隊)에서 기를 들거나 받드는 사람. (手 손 수)
旗號 기호 | ① 기(旗)의 표장(標章). ② 기(旗)의 신호(信號). (號 이름 호)

己

`一 フ 己`

부수: 己(몸기) 총 3획

몸 기

己未 기미 | 육십갑자(六十甲子)의 쉰여섯째. (未 아닐 미)
利己 이기 | 자기(自己) 자신(自身)의 이익(利益)만 꾀함. (利 이로울 이)
自己 자기 | 제 몸, 제 자신(自身). 나. (自 스스로 자)

技

`一 十 扌 扌 扩 technique 技 技`

부수: 扌(재방변) 총 7획

재주 기

技能 기능 | 육체적, 정신적 작업을 정확하고 손쉽게 해 주는 기술상의 재능(才能). (能 능할 능)
特技 특기 | 특별(特別)한 기능(技能). 장기. (特 특별할 특)

知彼知己 지피지기 적을 알고 나를 알아야 한다는 뜻으로, 적의 형편(形便)과 나의 형편(形便)을 자세(仔細)히 알아야 한다는 의미(意味). 知 알 지 | 彼 저 피 | 知 알 지 | 己 몸기

汽 물 끓는 김 기

필순: 丶 冫 氵 氵 氵 汽 汽
부수: 氵(삼수변) 총 7획

- **汽船 기선** | 증기(蒸氣) 기관의 동력(動力)으로 움직이는 배를 통틀어 이르는 말. (船 배 선)
- **汽壓 기압** | 증기기관(蒸氣機關)에서 생긴 증기(蒸氣)의 압력(壓力). (壓 누를 압)

基 터 기

필순: 一 十 廿 甘 其 其 基
부수: 土(흙토) 총 11획

- **基準 기준** | 사물(事物)의 기본(基本)이 되는 표준(標準). (準 준할 준)
- **基礎 기초** | ① 사물이나 일 따위의 기본이 되는 것. ② 건물(建物), 다리 따위와 같은 구조물의 무게를 받치기 위하여 만든 밑받침. (礎 주춧돌 초)

期 기약할 기

필순: 一 十 甘 其 期 期 期
부수: 月(달월) 총 12획

- **期待 기대** | 어떤 일이 원하는 대로 이루어지기를 바라면서 기다림. (待 기다릴 대)
- **期初 기초** | 기간(期間)이나 학기 따위의 처음. (初 처음 초)

吉 길할 길

필순: 一 十 士 吉 吉 吉
부수: 口(입구) 총 6획

- **吉夢 길몽** | 좋은 조짐(兆朕)의 꿈. 좋은 일이 생길 징조(徵兆)의 꿈. (夢 꿈 몽)
- **吉日 길일** | 운이 좋거나 상서로운 날. (日 날 일)
- **吉兆 길조** | ① 좋은 일이 있을 징조(徵兆). ② 상서(祥瑞)로운 조짐(兆朕). (兆 조조)

南 남녘 남

필순: 一 十 十 冂 冂 冂 南 南 南
부수: 十(열십) 총 9획

- **南極 남극** | ① 자침(磁針)이 가리키는 남쪽 끝. ② 지축(地軸)의 남쪽 끝. (極 극진할 극)
- **南北 남북** | 남쪽과 북쪽. (北 북녘 북)
- **南海 남해** | 남쪽에 있는 바다. (海 바다 해)

吉凶禍福 길흉화복 '길흉(吉凶)과 화복(禍福)'이라는 뜻으로, 사람의 운수(運數)를 이름. 吉 길할 길 | 凶 흉할 흉 | 禍 재앙 화 | 福 복 복

男 / 사내 남

획순: 丨 冂 曰 曱 田 甲 男
부수: 田(밭전) 총 7획

- **男子 남자** | ① 남성(男性)으로 태어난 사람. ② 사내다운 사내. (子 아들 자)
- **男女 남녀** | 남자(男子)와 여자(女子). (女 여자 녀)
- **男妹 남매** | ① 오빠와 누이를 아울러 이르는 말. ② 한 부모가 낳은 남녀 동기. (妹 누이 매)

內 / 안 내

획순: 丨 冂 內 內
부수: 入(들입) 총 4획

- **內亂 내란** | 나라 안에서 정권(政權)을 차지하려고 싸움을 벌이는 난리(亂離)나 반란(叛亂). (亂 어지러울 란)
- **內容品 내용품** | 속에 들어 있는 물품(物品). (容 얼굴 용, 品 상품 품)

女 / 여자 녀(여)

획순: ㇄ ㇇ 女
부수: 女(여자녀) 총 3획

- **美女 미녀** | 아름다운 여자(女子). (美 아름다울 미)
- **女子 여자** | 여성(女性). (子 아들 자)
- **子女 자녀** | 아들과 딸을 아울러 이르는 말. (子 아들 자)

年 / 해 년

획순: 丿 𠂉 𠂉 𠂉 年 年
부수: 干(방패간) 총 6획

- **來年 내년** | 올해의 다음 해, 명년(明年). (來 올 래, 올 내)
- **每年 매년** | 매해, 하나하나의 모든 해. (每 매양 매)
- **年歲 연세** | 나이의 높임말. (歲 해 세)

念 / 생각 념(염)

획순: 丿 人 𠆢 今 今 念 念 念
부수: 心(마음심) 총 8획

- **槪念 개념** | 어떤 사물(事物)이나 현상(現象)에 대한 일반적인 지식(知識). (槪 대개 개)
- **理念 이념** | 이상적인 것으로 여겨지는 생각이나 견해(見解). (理 다스릴 이)

無念無想 무념무상 일체(一切)의 생각이 없다는 뜻으로, 무아(無我)의 경지(境地)에 이르러 일체(一切)의 상념(想念)이 없음을 이르는 말. 無 없을 무 | 念 생각 념 | 無 없을 무 | 想 생각 상

一 冂 冂 曲 曲 曲 声 芦 声 農 農 農

부수 : 辰(별진) 총 13획

농사 농

農事 농사 | 논밭을 갈라 농작물(農作物)을 심어 가꾸고 거두어들이는 일. (事 일 사)
農村 농촌 | 농토(農土)를 끼고 농사(農事)를 짓는 사람들이 사는 마을. (村 마을 촌)

ㄥ ㄥ 台 台 育 育 能 能 能

부수 : 月(육달월) 총 10획

능할 능

能力 능력 | ① 일을 감당(堪當)하거나 해결(解決)해 낼 수 있는 힘. ② 어떤 일에 대(對)하여 요구(要求)되고 적당(適當)하다고 인정(認定)되는 자격(資格). (力 힘 력)

ノ ク タ タ 多 多

부수 : 夕(저녁석) 총 6획

많을 다

多樣 다양 | 여러 가지 모양이나 양식. (樣 모양 양)
多作 다작 | ① 작품 따위를 많이 지어냄. ② 농산물이나 물품을 많이 생산함. (作 지을 작)

ノ ノ 亠 チ 矢 矢 矢 知 知 知 短 短

부수 : 矢(화살시) 총12획

짧을 단

短命 단명 | 목숨이 짧음. (命 목숨 명)
短點 단점 | 잘못되고 모자라는 점(點). (點 점 점)
短縮 단축 | 시간이나 거리 따위가 짧게 줄어듦. 또는 그렇게 줄임. (縮 줄일 축)

冂 冂 同 同 團 團 團

부수 : 囗(큰입구몸) 총 14획

둥글 단

團結 단결 | 많은 사람이 한데 뭉침. (結 맺을 결)
團束 단속 | ① 주의를 기울여 다잡거나 보살핌. ② 규칙(規則)·명령(命令)·법령(法令) 등(等)을 지키도록 통제(統制)함. (束 묶을 속)

壇 단단

土 圹圹坩壇壇壇

부수: 土(흙토) 총 16획

壇上 단상 | 교단(教壇)이나 강단(講壇) 등(等)의 위. (上 윗 상)
教壇 교단 | ①교실(教室)에서 교사(教師)가 강의(講義)할 때 올라서는 단. ②교육계(教育界). (教 가르칠 교)

談 말씀담

亠 言 言 訁 訁 談 談 談

부수: 言(말씀언) 총 15획

談笑 담소 | 웃고 즐기면서 이야기함. 또는 그런 이야기. (笑 웃을 소)
德談 덕담 | 남이 잘되기를 비는 말. 주로 새해에 많이 나눔. (德 덕 덕)
惡談 악담 | 남을 비방하거나, 잘되지 못하도록 저주하는 말. (惡 악할 악)

答 대답할답

ノ 亠 た 竹 竺 ダ 笂 ダ 笒 答 答

부수: 竹(대죽) 총 12획

答信 답신 | 회답(回答)의 통신(通信)이나 서신(書信). (信 믿을 신)
答案 답안 | 시험(試驗) 문제(問題)의 해답(解答), 또는 해답(解答)을 쓴 종이. (案 책상 안)

堂 집당

丨 ㅛ ㅛ ㅛ 尙 尙 尙 堂 堂 堂 堂

부수: 土(흙토) 총 11획

堂堂 당당 | 남 앞에서 내세울 만큼 떳떳한 모습이나 태도.
堂直 당직 | 당집이나 서당(書堂) 따위를 맡아 지키는 사람. (直 곧을 직)
祠堂 사당 | 조상(祖上)의 신주(神主)를 모셔 놓은 집. (祠 사당 사)

當 마땅당

丨 ㅛ ㅛ 尙 尙 當 當 當

부수: 田(밭전) 총 13획

當番 당번 | 어떤 일을 책임지고 돌보는 차례(次例)가 됨. 또는 그 차례가 된 사람. (番 차례 번)
當付 당부 | 말로 단단히 부탁(付託)함. 또는 그런 부탁. (付 줄 부)

當然之事 당연지사 | 당연(當然)한 일. 當 마땅 당 | 然 그럴 연 | 之 갈 지 | 事 일 사

一 ナ 大

부수: 大(큰대) 총 3획

큰 대, 클 대

大學 대학 | 고등 교육을 베푸는 교육 기관으로 고등학교 졸업자 또는 이와 동등한 학력이 있다고 인정된 사람이 입학함. (學 배울 학)
最大 최대 | 가장 큼. (最 최고 최)

ノ イ 亻 代 代

부수: 亻(사람인변) 총 5획

대신할 대

代入 대입 | 어떤 수식의 변수를 특정한 숫자나 문자로 치환하는 연산. (入 들 입)
代役 대역 | 배우가 맡은 역할을 사정상 할 수 없을 때에 다른 사람이 그 역할을 대신 맡아 하는 일. 또는 그 사람. (役 부릴 역)

丨 丨 丬 丬 业 业 坐 坐 坐 坐 對 對

부수: 寸(마디촌) 총 14획

대할 대

對備 대비 | 앞으로 일어날지도 모르는 어떠한 일에 대응하기 위하여 미리 준비함. 또는 그런 준비. (備 갖출 비)
對應 대응 | 어떤 일이나 사태에 맞추어 태도나 행동을 취함. (應 응할 응)

ノ ク 彳 彳 件 件 待 待 待

부수: 彳(두인변) 총 9획

기다릴 대

待遇 대우 | ① 어떤 사회적 관계나 태도로 대하는 일. ② 예의를 갖추어 대하는 일. (遇 만날 우)
待避 대피 | 위험이나 피해를 입지 않도록 일시적으로 피함. (避 피할 피)

彳 彳 彳 彳 彳 德 德 德 德 德

부수: 彳(두인변) 총 15획

덕 덕, 큰 덕

德談 덕담 | 남이 잘 되라고 비는 말. (談 말씀 담)
德性 덕성 | 어질고 너그러운 성질(性質). (性 성품 성)
德澤 덕택 | 베풀어 준 은혜나 도움. (澤 못 택)

道	丶丷广广产产首首首首道道道	부수: 辶(책받침) 총 13획
길 도	道理 도리 | ① 사람이 마땅히 행(行)해야 할 바른 길. ② 사물(事物)의 정당(正當)한 이치(理致). (理 다스릴 리(이)) 道路 도로 | 사람이나 차가 다닐 수 있도록 만들어 놓은 비교적 넓은 길. (路 길 로)	

圖	丨冂冂冂冂冋冋冏冏圖圖圖	부수: 囗(큰입구몸) 총 14획
그림 도	圖書 도서 | 그림, 글씨, 책 따위를 통틀어 이르는 말. (書 글 서) 圖形 도형 | ① 그림의 모양이나 형태. ② 점, 선, 면, 체 또는 그것들의 집합을 통틀어 이르는 말. (形 모양 형)	

度	丶一广广广庐庐度度	부수: 广(엄호) 총 9획
법도 도	度量 도량 | ① 사물을 너그럽게 용납하여 처리할 수 있는 넓은 마음과 깊은 생각. ② 재거나 되거나 하여 사물의 양을 헤아림. (量 헤아릴 량) 度數 도수 | 각도, 온도, 광도 따위의 크기를 나타내는 수. (數 셈 수)	

到	一丆云至至至到到	부수: 刂(선칼도방) 총 8획
이를 도	到達 도달 | 목적(目的)한 곳이나 수준에 다다름. (達 통달할 달) 到來 도래 | 어떤 시기나 기회가 닥쳐옴. (來 올 래) 到着 도착 | 목적(目的)한 곳에 다다름. (着 붙을 착)	

島	丿𠂉𠂉自自鸟鸟島島島	부수: 山(뫼산) 총 10획
섬 도	島民 도민 | 섬에서 사는 사람. 섬의 주민(住民). 섬사람. (民 백성 민) 獨島 독도 | 경북(慶北) 울릉군(鬱陵郡)에 속하는 화산섬. 천연기념물 제336호로 지정. (獨 홀로 독)	

絶海孤島 절해고도 육지(陸地)에서 아주 멀리 떨어져 있는 외딴섬. 絶 끊을 절 | 海 바다 해 | 孤 외로울 고 | 島 섬 도

도읍 도, 못 지

一 十 土 耂 耂 者 者 者' 者` 都 都

부수: 阝(우부방) 총 12획

都心 도심 | 도시(都市)의 중심부(中心部). (心 마음 심)
都邑 도읍 | 한 나라의 중앙 정부가 있는 곳. 서울. (邑 고을 읍)
都合 도합 | 모두 한데 합(合)한 셈. (合 합할 합)

읽을 독

丶 ㆍ 言 言 言 訁 訁 諄 諄 讀 讀 讀 讀

부수: 言(말씀언) 총 22획

讀書 독서 | 책을 읽음. (書 글 서)
讀者 독자 | 책, 신문, 잡지 따위의 글을 읽는 사람. (者 놈 자)
讀解 독해 | 글을 읽어서 뜻을 이해함. (解 풀 해)

홀로 독

丿 ㇒ 犭 犭' 犭" 犷 狎 獨 獨 獨

부수: 犭(개사슴록변) 총 16획

獨善 독선 | 자기(自己) 혼자만이 옳다고 믿고 행동(行動)하는 일. (善 착할 선)
獨學 독학 | 스승이 없이 또는 학교(學校)에 다니지 아니하고 혼자서 배움. (學 배울 학)

동녘 동

一 ㇒ 厂 厂 百 百 車 東 東

부수: 木(나무목) 총 8획

東海 동해 | 한국(韓國) 동쪽의 바다. (海 바다 해)
東洋 동양 | 유라시아 대륙의 동부 지역. 아시아의 동부 및 남부를 이르는데 한국, 중국, 일본, 인도, 미얀마, 타이, 인도네시아 등이 있음. (洋 큰 바다 양)

움직일 동

丿 二 千 千 台 旨 旨 重 重 動 動

부수: 力(힘력) 총 11획

動物 동물 | 사람을 제외한 길짐승, 날짐승, 물짐승 따위를 통틀어 이르는 말. (物 물건 물)
動作 동작 | 어떤 일을 하기 위(爲)해서 몸을 움직이는 일. 또는 그 움직임. (作 만들 작)

`丶丶氵氵汀汩洞洞洞` 부수: 氵(삼수변) 총 9획

골 동, 마을 동

洞長 동장 | ① 한 동네의 우두머리. ② 동(洞)의 행정을 맡아보는 으뜸 직위에 있는 사람. 또는 그 직위. (長 길 장)
洞察 통찰 | ① 환히 내다봄. ② 꿰뚫어 봄. (察 살필 찰)

`｜冂冂同同同` 부수: 口(입구) 총 6획

한가지 동

同伴 동반 | ① 데리고 함께 다님. ② 길을 같이 감. (伴 벗 반)
同業 동업 | ① 같은 종류(種類)의 직업(職業)이나 영업(營業). ② 영업(營業)을 두 사람 이상(以上)이 공동(共同)으로 경영(經營)함. (業 업 업)

`ノク夂冬冬` 부수: 冫(이수변) 총 5획

겨울 동

冬眠 동면 | 일부(一部)의 동물(動物)이 겨울 동안 활동(活動)을 중지(中止)하고 땅 속이나 물속에서 잠을 자듯이 의식(意識)이 없는 상태(狀態)로 지내는 일. 겨울잠. (眠 잠잘 면)

`丶亠立产音音音音童童` 부수: 立(설립) 총 12획

아이 동

童心 동심 | 어린아이의 마음. (心 마음 심)
童話 동화 | 어린이를 위하여 동심(童心)을 바탕으로 지은 이야기. 또는 그런 문예 작품. (話 말씀 화, 이야기 화)

`一一一一一一一一一一頭頭頭頭` 부수: 頁(머리혈) 총 16획

머리 두

頭角 두각 | ① 짐승의 머리에 있는 뿔. ② 뛰어난 학식이나 재능을 비유적으로 이르는 말. (角 뿔 각)
頭腦 두뇌 | ① 뇌. ② 지식수준이 높은 사람을 비유적으로 이르는 말. (腦 뇌 뇌)

美風良俗 미풍양속 아름답고 좋은 풍속(風俗). 美 아름다울 미 | 風 바람 풍 | 良 어질 양(량) | 俗 풍속 속

登
오를 등

ㄱㄱㄱㄱ癶癶癶癶登登登

부수: 癶(필발머리) 총 12획

登板 등판 | 야구에서, 투수가 마운드에 서는 일. 투수로서 출장하는 일. (板 널빤지 판)
登場 등장 | 소설·영화 또는 무대 등에 나옴. 또는 무슨 일에 어떠한 사람이 나타나거나 새로운 제품 등이 세상에 처음으로 나옴. (場 마당 장)

等
무리 등, 등급 등

ノトドトケ竹竹竿笁笁等等

부수: 竹(대죽) 총 12획

等分 등분 | ① 분량을 똑같이 나눔. 또는 그 분량. ② 똑같은 분량으로 나누어진 몫을 세는 단위. (分 나눌 분)
等數 등수 | 등급에 따라 정한 차례. (數 셈 수)

樂
즐길 락(풍류 악, 좋아할 요)

ノイイ自自自絈絈樂樂樂樂

부수: 木(나무목) 총 15획

樂園 낙원 | 아무런 걱정이나 부족(不足)함이 없이 살 수 있는 즐거운 곳. (園 동산 원)
音樂 음악 | 박자, 가락, 음성 따위를 갖가지 형식으로 조화하고 결합하여, 목소리나 악기를 통하여 사상 또는 감정을 나타내는 예술. (音 소리 음)

落
떨어질 락

艹艹艹莎莎落落落

부수: ++(초두머리) 총 13획

落選 낙선 | ① 선거(選擧)에서 떨어짐. ② 심사(審査)나 선발(選拔)에서 떨어짐. (選 가릴 선)
落葉 낙엽 | 떨어진 나뭇잎. (葉 잎 엽)

朗
밝을 랑

ㅋ丬良良良朗朗朗

부수: 月(달월) 총 10획

朗讀 낭독 | 글을 소리 내어 읽음. (讀 읽을 독)
朗誦 낭송 | 크게 소리 내어 글을 읽거나 욈. 시를 음률적으로 감정을 넣어 읽거나 욈. (誦 외울 송)

內潤外朗 내윤외랑 '옥(玉)의 광택(光澤)이 안에 함축(含蓄)된 것과 밖으로 나타난 것'이라는 뜻으로, 인물(人物)의 재덕(才德)을 형용(形容)해 이르는 말. 內 안 내 | 潤 윤택할 윤 | 外 바깥 외 | 朗 밝을 랑

一 ㄏ ㄙ 丆 丙 來 來 來

부수 : 人(사람인) 총 8획

來訪 내방 | 만나기 위하여 찾아옴. (訪 찾을 방)
來日 내일 | 오늘의 바로 다음날. 명일(明日), 명천(明天), 이튿날. (日 날 일)
未來 미래 | 아직 오지 않은 때. (未 아닐 미)

올 래(내)

丶 冫 冫 丷 丷 冷 冷

부수 : 冫(이수변) 총 7획

冷却 냉각 | 식어서 차게 됨. 또는 식혀서 차게 함. (却 물리칠 각)
冷淡 냉담 | 태도(態度)나 마음씨가 동정심 없이 차가움. (淡 맑을 담)
冷房 냉방 | 더운 철에 일부러 방(房) 안의 온도(溫度)를 낮춤. (房 방 방)

찰 랭

丶 ㄱ ㄱ ㅋ 良 良 良

부수 : 艮(괘이름간) 총 7획

良質 양질 | 좋은 바탕이나 품질. (質 바탕 질)
良心 양심 | 사물의 가치를 변별하고 자기(自己)의 행위(行爲)에 대하여 옳고 그름과 선과 악의 판단(判斷)을 내리는 도덕적 의식. (心 마음 심)

어질 량

口 日 旦 昌 昌 量 量

부수 : 里(마을리) 총 12획

分量 분량 | 수효, 무게 따위의 많고 적음이나 부피의 크고 적은 정도(程度). (分 나눌 분)
力量 역량 | 힘, 능력(能力), 어떤 일을 감당(堪當)하여 해낼 수 있는 힘. (力 힘 력)

헤아릴 량

丶 丆 方 方 方 扩 旅 旅 旅

부수 : 方(모방) 총 10획

旅客 여객 | 기차, 비행기, 배 따위로 여행(旅行)하는 사람. (客 손 객)
旅行 여행 | 일이나 유람(遊覽)을 목적으로 다른 고장이나 외국(外國)에 가는 일. (行 다닐 행)

나그네 려

感慨無量 감개무량 마음속에서 느끼는 감동이나 느낌이 끝이 없음. 또는 그 감동이나 느낌. 感 느낄 감 | 慨 슬퍼할 개 | 無 없을 무 | 量 헤아릴 량

力 힘 력(역)	ㄱ 力	부수: 力(힘력) 총 2획
	努力 노력 | ① 힘을 씀, 힘을 다함. ② 어떤 일을 이루기 위해 어려움이나 괴로움 등을 이겨 내면서 애쓰거나 힘쓰는 것. (努 노력할 노) 體力 체력 | ① 몸의 힘. ② 몸의 작업 능력. ③ 몸의 저항 능력(能力). (體 몸 체)	

歷 지날 력(역)	一 厂 厂 厂 厂 斤 屉 屉 屉 歷 歷	부수: 止(그칠지) 총 16획
	經歷 경력 | ① 여러 가지 일을 겪어 지내 옴. ② 겪어 지내 온 여러 가지 일. (經 지날 경) 實歷 실력 | 실제(實際)로 겪어 온 이력(履歷). (實 열매 실)	

練 익힐 련	᠘ 幺 糸 糸¹ 絎 絎 絎 紳 練	부수: 糸(실사변) 총 15획
	練習 연습 | 학문(學問)이나 기예(技藝) 따위를 익숙하도록 되풀이하여 익힘. (習 익힐 습) 未練 미련 | 딱 잘라 단념하지 못하는 마음. (未 아닐 미)	

令 하여금 령, 명령할 령	ノ 人 人 今 令	부수: 人(사람인) 총 5획
	命令 명령 | 윗사람이 아랫사람에게 무엇을 하게 함. 또는 그런 내용. (命 목숨 명) 法令 법령 | 법적 효력(效力)을 가진 법규를 통틀어 이르는 말. 법률(法律)과 명령(命令). (法 법 법)	

領 거느릴 령	᠘ ᠘ 今 今 領 領 領 領	부수: 頁(머리혈) 총 14획
	領土 영토 | 국가의 통치권(統治權)이 미치는 구역. 흔히 토지로 이루어진 국가의 영역을 이르나 영해와 영공을 포함하기도 함. (土 흙 토) 要領 요령 | 적당히 해 넘기는 잔꾀. (要 요긴할 요)	

非熟練工 비숙련공 아직 일에 숙달(熟達)하지 못한 직공(職工). 非 아닐 비 | 熟 익을 숙 | 練 익힐 련 | 工 장인 공

例
법식 례(예)

ノ 亻 亻 仃 伤 伤 例 例

부수: 亻(사람인변) 총 8획

例外 예외 | 일반적 규칙이나 정례에서 벗어나는 일. (外 바깥 외)
次例 차례 | 순서 있게 구분하여 벌어 나가는 관계. 또는 그 구분에 따라 각각에게 돌아오는 기회. (次 버금 차)

禮
예도 례(예)

一 丁 亍 示 示 礻 礻 祠 祠 祠 禮 禮 禮

부수: 示(보일시변) 총 18획

禮節 예절 | 예의에 관한 모든 절차나 질서. (節 마디 절)
禮讚 예찬 | ① 무엇이 훌륭하거나 좋거나 아름답다고 찬양함. ② 삼보(三寶)를 예배하고 그 공덕을 찬탄함. (讚 기릴 찬)

老
늙은이 노(로)

一 十 土 耂 耂 老

부수: 老(늙을로) 총 6획

老鍊 노련 | 어떤 일에 대해 오랫동안 경험(經驗)을 쌓아 익숙하고 능란(能爛)함. (鍊 불릴 련(연))
老人 노인 | 나이가 많은 사람. 늙은이, 늙은 분. (人 사람 인)

路
길 로(노)

丶 口 卩 卩 尸 昆 昆 趴 趴 政 路 路 路

부수: 足(발족변) 총 13획

路線 노선 | 자동차 선로, 철도 선로 따위와 같이 일정한 두 지점을 정기적으로 오가는 교통선. (線 줄 선)
大路 대로 | ① 큰길. ② 어떤 목적을 향하여 나아가는 활동의 큰 방향. (大 클 대)

勞
일할 로

丶 丷 丷 𣥂 𣥂 炏 炏 勞 勞

부수: 力(힘력) 총 12획

勞動 노동 | 마음과 몸을 써서 일을 함. 또는 그 일. (動 움직일 동)
勞力 노력 | ① 몸을 움직여 일을 함. ② 생활에 필요한 물건(物件)을 생산(生産)하기 위(爲)한 육체적(肉體的)정신적(精神的)노력을 들이는 행위. (力 힘 력)

勞心焦思 노심초사 몹시 마음을 쓰며 애를 태움. 勞 일할 노 | 心 마음 심 | 焦 탈초 | 思 생각 사

料	丶 ㄴ 二 斗 米 米 料 料	부수 : 斗(말두) 총 10획
헤아릴 료	無料 무료 | 요금(料金)이 없음. (無 없을 무) 料金 요금 | 남의 힘을 빌리거나 사물을 사용·소비·관람한 대가로 치르는 돈. (金 쇠금)	

綠	ㄴ ㄴ 幺 糸 糸 糸 糽 紞 紵 紵 緑 緑 綠	부수 : 糸(실사변) 총 14획
푸를 록(녹)	綠色 녹색 | 파랑과 노랑의 중간색(中間色), 곧 풀빛. (色 빛 색) 綠陰 녹음 | 푸른 잎이 우거진 나무나 수풀. 또는 그 나무의 그늘. (陰 그늘 음) 草綠 초록 | 녹색(綠色)보다 조금 더 푸른색을 띤 색깔. 초록색. (草 풀 초)	

流	氵 氵 氵 浐 浐 浐 流 流	부수 : 氵(삼수변) 총 10획
흐를 류	流入 유입 | 액체(液體)나 기체(氣體), 열 따위가 어떤 곳으로 흘러 들어옴. (入 들 입) 流出 유출 | ① 밖으로 흘러 나가거나 흘려 내보냄. ② (중요(重要)한 것이) 나라 나 조직(組織)의 밖으로 나가 버림. (出 날 출)	

類	丶 丷 兰 米 米 类 类 新 類 類	부수 : 頁(머리혈) 총 19획
무리 류	書類 서류 | 글자로 기록(記錄)한 문서(文書)를 통틀어 이르는 말. (書 글 서) 類似 유사 | 서로 비슷함. (似 닮을 사) 種類 종류 | 물건(物件)을 부문(部門)에 따라 나눈 갈래. (種 씨 종)	

六	丶 二 亠 六	부수 : 八(여덟팔) 총 4획
여섯 륙(육)	六十 육십 | 예순. 열의 여섯 배가 되는 수(數). 또는 그런 수. (十 열 십) 六角 육각 | 북, 장구, 해금(奚琴), 피리 및 태평소 한 쌍의 총칭(總稱). 또는 여섯 개의 직선에 싸인 평면. (角 뿔 각)	

類類相從 유유상종 | 사물(事物)은 같은 무리끼리 따르고, 같은 사람은 서로 찾아 모인다는 뜻. 類 무리 류(유) | 類 무리 류(유) | 相 서로 상 | 從 좇을 종

陸
뭍 륙

`フ ß ß⁻ ß⁺ ß坴 陸 陸 陸`

부수: ß (좌부변) 총 11획

陸地 육지 | 강이나 바다와 같이 물이 있는 곳을 제외한 지구(地球)의 겉면. (地 땅 지)
離陸 이륙 | 비행기(飛行機) 따위가 땅 위를 떠나 떠오름. (離 떠날 이)

里
마을 리

`丨 口 日 日 旦 甲 里`

부수: 里(마을리) 총 7획

洞里 동리 | ① 마을. ② 지방(地方) 행정(行政) 구역(區域)인 동(洞)과 리(里)의 총칭(總稱). (洞 골 동)
里長 이장 | 시골 동리에서 공중(公衆)의 일을 맡아보는 사람. (長 긴 장)

理
다스릴 리

`一 二 Ŧ 王 玎 玎 玨 珇 珥 理 理`

부수: 王(구슬옥변) 총 11획

理由 이유 | ① 어떠한 결론이나 결과에 이른 까닭이나 근거. ② 구실이나 변명. (由 말미암을 유)
理解 이해 | 사리를 분별하여 해석함. 깨달아 앎. 잘 알아서 받아들임. (解 풀 해)

利
이로울 리(이)

`一 二 千 禾 禾 利 利`

부수: 刂(선칼도방) 총 7획

利益 이익 | ① 물질적으로나 정신적으로 보탬이 되는 것. ② 일정 기간의 총 수입에서 그것을 위하여 들인 비용을 뺀 차액. (益 더할 익)
利子 이자 | 남에게 돈을 빌려 쓴 대가로 치르는 일정한 비율의 돈. (子 아들 자)

李
오얏 리(이)

`一 十 才 木 本 李 李`

부수: 木(나무목) 총 7획

桃李 도리 | ①복숭아와 자두. ②남이 천거한 어진 사람을 비유해 이름. (桃 복숭아도)
李白 이백 | 당나라 시선(詩仙). 자는 태백. 호는 청련(靑蓮), 취선옹(醉仙翁). 두보(杜甫)와 더불어 시의 양대 산맥(山脈)을 이룸. (白 흰 백)

水陸萬里 수륙만리 바다와 육지(陸地)를 사이에 두고 멀리 떨어져 있음을 이르는 말. 水 물 수 | 陸 뭍 륙(육) | 萬 일만 만 | 里 마을 리

林 수풀 림(임)	一十 才 木 木 村 杯 林	부수 : 木(나무목) 총 8획
	密林 밀림 | 큰 나무들이 빽빽하게 들어선 깊은 숲. (密 빽빽할 밀) 林野 임야 | 나무가 무성(茂盛)한 들. (野 들 야) 松林 송림 | 소나무 숲. (松 솔 송)	

立 설 립(입)	、 ー 亠 产 立	부수 : 立(설립) 총 5획
	立春 입춘 | 대한과 우수(雨水) 사이에 있으며, 양력(陽曆) 2월 4일이나 5일이 됨. 이때부터 봄이 시작(始作)됨. (春 봄 춘) 自立 자립 | 스스로의 힘으로 생계를 유지(維持)함. (自 스스로 자)	

馬 말 마	丨 厂 F 甲 馬 馬	부수 : 馬(말마) 총 10획
	馬夫 마부 | 말을 부려 마차나 수레를 모는 사람. (夫 지아비 부) 馬主 마주 | 말의 주인(主人). (主 주인 주) 馬車 마차 | 말이 끄는 수레. (車 수레 차)	

萬 일만 만	一 十 艹 艹 产 莒 苜 苗 苜 萬 萬 萬 萬	부수 : ++(초두머리) 총 13획
	萬物 만물 | 세상(世上)에 있는 모든 것. (物 만물 물) 萬若 만약 | 혹시 있을지도 모르는 뜻밖의 경우. (若 같을 약) 千萬 천만 | 만의 천 배. (千 일천 천)	

末 끝 말	一 二 キ 末 末	부수 : 木(나무목) 총 5획
	末期 말기 | 정해진 기간이나 일의 끝이 되는 때나 시기(時期). (期 기약할 기) 週末 주말 | 한 주일(週日)의 끝. 주로 토요일(土曜日)부터 일요일(日曜日)까지. (週 돌 주)	

望 바랄 **망**	一亠亡切胡望望	부수 : 月(달월) 총 11획
	展望 전망 | 넓고 먼 곳을 멀리 바라봄. 또는 멀리 내다보이는 경치(景致). (展 펼 전) 希望 희망 | ① 어떤 일을 이루거나 하기를 바람. ② 좋은 결과(結果)를 기대하는 마음. (希 바랄 희)	

亡 망할 **망**	丶一亡	부수 : 亠(돼지해머리) 총 3획
	亡命 망명 | 자기(自己) 나라의 정치적(政治的) 탄압(彈壓) 따위를 피(避)하여 외국으로 몸을 옮김. (命 목숨 명) 死亡 사망 | ① 사람이 죽음. ② 자연인(自然人)이 생명을 잃음. (死 죽을 사)	

每 매양 **매**	丿一亡 每 每 每 每	부수 : 毋(말무) 총 7획
	每事 매사 | 모든 일. (事 일 사) 每日 매일 | 각각의 개별적인 나날. 일일(日日) (日 날 일) 每週 매주 | 각 주(週). 또는 주마다. (週 돌 주)	

賣 팔 **매**	一士吉吉青賣賣	부수 : 貝(조개패) 총 15획
	賣却 매각 | 물건(物件)을 팔아 버림. (却 물리칠 각) 賣上 매상 | 상품(商品)을 파는 일. (上 윗 상) 賣出 매출 | 물건 따위를 내다 파는 일. (出 날 출)	

買 살 **매**	丨四四罒罒冒買買	부수 : 貝(조개패) 총 12획
	買受 매수 | 물건(物件)을 사서 넘겨받음. (受 받을 수) 買入 매입 | 물건(物件) 따위를 사들임. (入 들 입) 買占 매점 | 값이 크게 오를 것을 내다보고 막 몰아 사들여 쟁이는 일. (占 점령할 점)	

買占賣惜 매점매석 물건 값이 오를 것을 예상하여 한꺼번에 샀다가 팔기를 꺼려 쌓아 둠. 買 살 매 | 占 점령할 점 | 賣 팔 매 | 惜 아낄 석

面 낯 면	一 ァ ァ 丙 丙 面 面 面 面	부수: 面(낯면) 총 9획
	面接 면접 | ① 얼굴을 마주 대함. ② 직접(直接) 만남. ③ '면접시험(試驗)'의 준말. (接 이을 접) 正面 정면 | ① 똑바로 마주 보이는 면 ② 에두르지 않고 직접(直接) 마주 대함. (正 바를 정)	

名 이름 명	ノ ク タ タ 名 名	부수: 口(입구) 총 6획
	名分 명분 | 명목이 구별된 대로 그 사이에 반드시 지켜야 할 도리나 분수. (分 나눌 분) 名節 명절 | 해마다 일정하게 지키어 즐기거나 기념하는 때. 우리나라에는 설날, 대보름날, 단오, 추석, 동짓날 등이 있음. (節 마디 절)	

命 목숨 명	ノ 人 人 스 슷 슷 命 命	부수: 口(입구) 총 8획
	命令 명령 | 윗사람이 아랫사람에게 무엇을 하도록 시킴. (令 하여금 령(영)) 生命 생명 | ① 목숨. ② 사물(事物)의 존립(存立)에 관계(關係)되는 중요(重要)한 것. (生 날 생)	

明 밝을 명	丨 ㄇ ㄇ 日 日丿 明 明 明	부수: 日(날일) 총 8획
	明暗 명암 | ① 밝음과 어두움. ② 기쁜 일과 슬픈 일 또는 행복과 불행을 통틀어 이르는 말. ③ 색의 농담이나 밝기의 정도. (暗 어두울 암) 明快 명쾌 | 말이나 글 따위의 내용이 명백하여 시원함. (快 쾌할 쾌)	

母 어머니 모, 어미 모	ㄴ 乂 乂 母 母	부수: 毋(말무) 총 5획
	母子 모자 | 어머니와 그 아들. (子 아들 자) 父母 부모 | 어버이, 아버지와 어머니. (父 아비 부) 祖母 조모 | 할머니. (祖 조상 조)	

賣官賣職 매관매직 돈이나 재물(財物)을 받고 벼슬을 시킴. 賣 팔 매 | 官 벼슬 관 | 賣 팔 매 | 職 직분 직

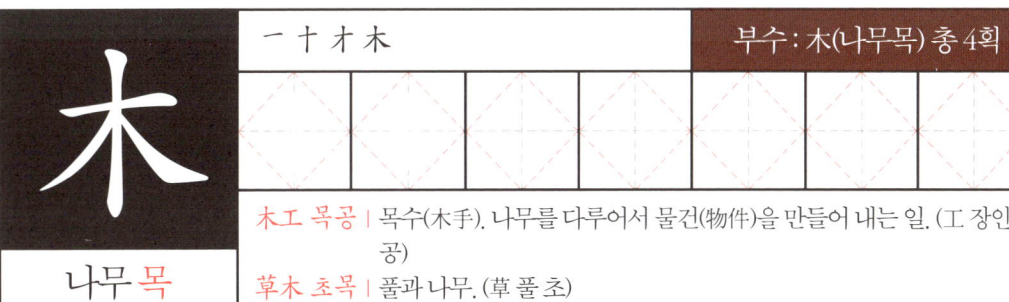

| 木 | 一 十 才 木 | 부수: 木(나무목) 총 4획 |

木工 목공 | 목수(木手). 나무를 다루어서 물건(物件)을 만들어 내는 일. (工 장인 공)
草木 초목 | 풀과 나무. (草 풀 초)

나무 목

| 目 | 丨 冂 冂 目 目 | 부수: 目(눈목) 총 5획 |

目錄 목록 | 어떤 물품의 이름이나 책 제목을 일정한 순서로 적은 것. (錄 기록할 록)
目標 목표 | 어떤 목적을 이루려고 지향하는 실제적 대상으로 삼음. 또는 그 대상. (標 표할 표)

눈 목

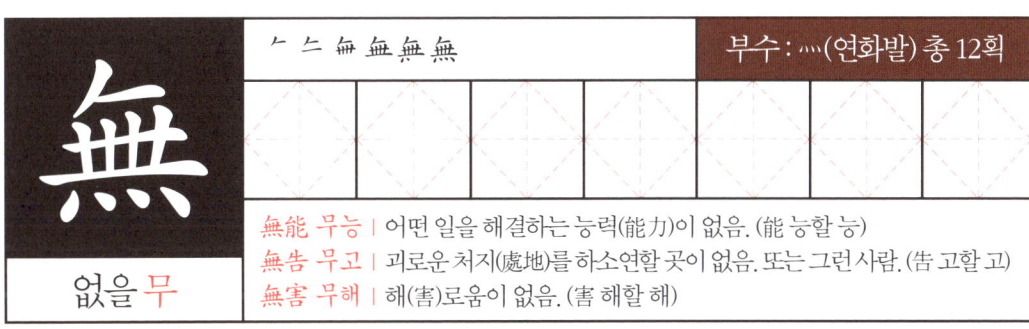

| 無 | ノ 广 늗 無 無 無 | 부수: 灬(연화발) 총 12획 |

無能 무능 | 어떤 일을 해결하는 능력(能力)이 없음. (能 능할 능)
無告 무고 | 괴로운 처지(處地)를 하소연할 곳이 없음. 또는 그런 사람. (告 고할 고)
無害 무해 | 해(害)로움이 없음. (害 해할 해)

없을 무

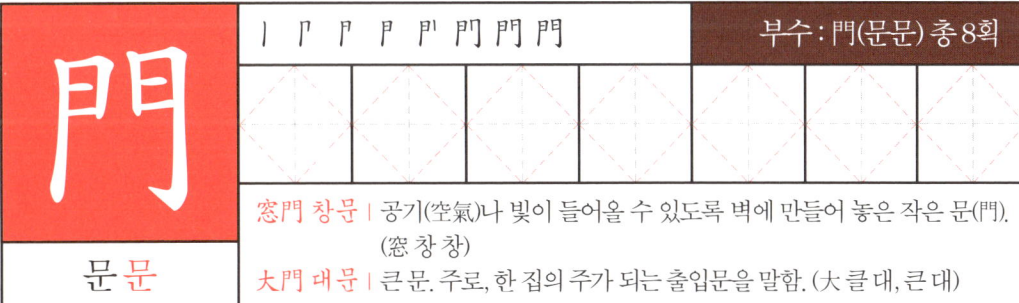

| 門 | 丨 冂 冂 冂 冂 門 門 門 | 부수: 門(문문) 총 8획 |

窓門 창문 | 공기(空氣)나 빛이 들어올 수 있도록 벽에 만들어 놓은 작은 문(門). (窓 창 창)
大門 대문 | 큰 문. 주로, 한 집의 주가 되는 출입문을 말함. (大 클 대, 큰 대)

문 문

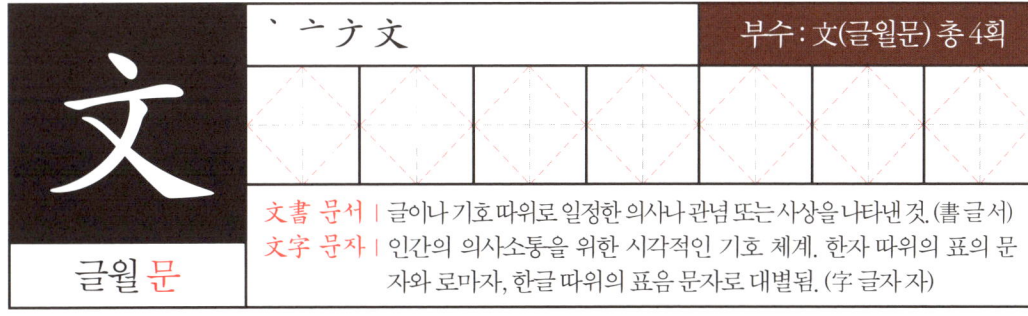

| 文 | 丶 一 ナ 文 | 부수: 文(글월문) 총 4획 |

文書 문서 | 글이나 기호 따위로 일정한 의사나 관념 또는 사상을 나타낸 것. (書 글 서)
文字 문자 | 인간의 의사소통을 위한 시각적인 기호 체계. 한자 따위의 표의 문자와 로마자, 한글 따위의 표음 문자로 대별됨. (字 글자 자)

글월 문

眼下無人 안하무인 눈 아래에 사람이 없다는 뜻으로, 방자하고 교만(驕慢)하여 다른 사람을 업신여김을 이르는 말. 眼 눈 안 | 下 아래 하 | 無 없을 무 | 人 사람 인

問 물을 문

| 丨 | 冂 | 冂 | 冂 | 冂¹ | 門 | 門 | 門 | 問 | 問 | 問 |

부수: 口(입구) 총 11획

問安 문안 | 웃어른에게 안부(安否)를 여쭘. (安 편안 안)
問答 문답 | 물음과 대답(對答). (答 대답할 답)
訪問 방문 | 어떤 사람이나 장소를 찾아가서 만나거나 봄. (訪 찾을 방)

聞 들을 문

| 丨 | 冂 | 冂 | 冂 | 冂¹ | 門 | 門 | 門 | 問 | 問 | 問 | 閏 | 閏 | 聞 |

부수: 耳(귀이) 총 14획

所聞 소문 | 사람들 입에 오르내려 전하여 들리는 말. (所 바 소)
新聞 신문 | ① 새로운 소식이나 견문. ② 새로운 소식(消息)이나 비판을 신속하게 보도(報道)하는 정기간행물. (新 새 신)

物 만물 물

부수: 牛(소우) 총 8획

物件 물건 | 사람이 필요(必要)에 따라 만들어 내거나 가공(加工)하여 어떤 목적(目的)으로 이용(利用)하는 들고 다닐 만한 크기의 일정(一定)한 형태(形態)를 가진 대상(對象). 물품(物品). (件 물건 건)

米 쌀미

| 丶 | 丷 | 二 | 半 | 米 | 米 |

부수: 米(쌀미) 총 6획

米穀 미곡 | ① 벼에서 껍질을 벗겨 낸 알맹이. ② 다른 곡식(穀食). (穀 곡식 곡)
白米 백미 | 흰쌀. (白 흰 백)
玄米 현미 | 벼의 겉껍질만 벗겨 낸 쌀. (玄 검을 현)

美 아름다울 미

| 丶 | 丷 | 二 | 三 | 亖 | 羊 | 羊 | 美 | 美 |

부수: 羊(양양) 총 9획

美德 미덕 | 아름답고 갸륵한 덕행. (德 큰 덕)
美人 미인 | 아름다운 사람. 주로 얼굴이나 몸매 따위가 아름다운 여자를 말함. (人 사람 인)

民 백성 민

ㄱ ㄱ ㄲ ㄸ 民

부수: 氏(각시씨) 총 5획

- 民心 민심 | 백성(百姓)의 마음. (心 마음 심)
- 民弊 민폐 | 민간(民間)에 끼치는 폐해(弊害). (弊 폐단 폐)
- 住民 주민 | 그 땅에 사는 백성(百姓). (住 주거 주)

朴 성씨 박

一 十 才 木 朴 朴

부수: 木(나무 목) 총 6획

- 儉朴 검박 | 검소하고 소박함. (儉 검소할 검)
- 素朴 소박 | 꾸밈이나 거짓이 없고 수수함. (素 본디 소)
- 純朴 순박 | 순진(純眞)하고 솔직(率直)함. (純 순수할 순)

反 돌이킬 반

一 厂 反 反

부수: 又(또 우) 총 4획

- 反省 반성 | 자신의 언행에 대하여 잘못이나 부족함이 없는지 돌이켜 봄. (省 살필 성)
- 贊反 찬반 | 찬성과 반대를 아울러 이르는 말. (贊 도울 찬)

半 반 반

´ ´ ´´ ´´´ 半

부수: 十(열 십) 총 5획

- 半年 반년 | 한 해의 반. (年 해 년)
- 折半 절반 | ① 하나를 반으로 가름. 또는 그렇게 가른 반. ② 유도에서 내리는 판정의 하나. (折 꺾을 절)

班 나눌 반

一 二 千 王 王 刧 玡 玨 班 班

부수: 王(구슬옥변) 총 10획

- 班白 반백 | 흰색과 검은색이 반반 정도인 머리털. (白 흰 백)
- 班長 반장 | 어떤 일을 함께 하는 소규모 조직체인 반(班)을 대표하여 일을 맡아보는 사람. (長 길 장)

發	ㄱ ㄱ ㄱ˘ ㄎ˘ ㅆ˘ ㅆ˘ ㅆ˘ ㅆ˘ ㅆ˘ ㅆ˘ 發 發 發 發	부수: 癶(필발머리) 총 12획
필발	發見 발견 ǀ 미처 찾아내지 못하였거나 아직 알려지지 아니한 사물이나 현상, 사실 따위를 찾아냄. (見 볼 견) 發生 발생 ǀ 어떤 일이나 사물이 생겨남. (生 날 생)	

方	ˋ ㅗ ㅎ 方	부수: 方(모방) 총 4획
모방	方法 방법 ǀ ① 일이나 연구(研究) 등을 해 나가는 길이나 수단(手段). ② 일정(一定)한 목적(目的)을 이루기 위하여 취하는 솜씨. (法 법 법) 四方 사방 ǀ 방위(方位). 곧 동(東), 서(西), 남(南), 북(北)의 총칭(總稱). (四 넉 사)	

	ˋ ㅗ ㅎ 方 ㅎ˘ ㅎ˘ 放 放	부수: 攵(등글월문) 총 8획
놓을방	放學 방학 ǀ 일정 기간 동안 수업을 쉬는 일. 또는 그 기간. (學 배울 학) 開放 개방 ǀ 문이나 어떠한 공간 따위를 열어 자유롭게 드나들고 이용하게 함. (開 열 개)	

	ノ イ イ˘ イ˘ 伀 伀 倍 倍	부수: 亻(사람인변) 총 10획
곱배	倍加 배가 ǀ 갑절 또는 몇 배로 늘어남. 또는 그렇게 늘림. (加 더할 가) 倍數 배수 ǀ ① 어떤 수(數)의 갑절이 되는 수(數). ② 한 수(數)를 다른 수(數)로 나눠서 떨어질 때 나눠지는 앞의 수(數). (數 셈 수)	

白	ノ イ 白 白 白	부수: 白(흰백) 총 5획
흰백	告白 고백 ǀ 숨긴 일이나 생각한 바를 사실(事實)대로 솔직(率直)하게 말함. (告 알릴 고) 明白 명백 ǀ 의심(疑心)할 것 없이 아주 뚜렷하고 환함. (明 밝을 명)	

| 一 ㄷ ㄕ 百 百 百 | 부수: 白(흰백) 총 6획 |

百勝 백승 | 언제든지 이김. (勝 이길 승)
百藥 백약 | 모든 약. 또는 여러 가지 약. (藥 약 약)
百態 백태 | 온갖 자태 (姿態). (態 모습 태)

일백 **백**

| ノ ㄷ ㄕ ㅛ 平 乎 采 番 番 番 番 | 부수: 田(밭전) 총 12획 |

番號 번호 | 차례를 나타내거나 식별하기 위해 붙이는 숫자. (號 이름 호)
當番 당번 | 어떤 일을 책임지고 돌보는 차례가 됨. 또는 그 차례가 된 사람. (當 마땅 당)

차례 **번**

| ノ ㄇ ㅁ 므 另 別 別 | 부수: 刂(선칼도방) 총 7획 |

別個 별개 | 관련성이 없이 서로 다름. (個 낱 개)
差別 차별 | 둘 이상의 대상을 각각 등급이나 수준 따위의 차이를 두어서 구별함. (差 다를 차)

나눌 **별**

| ㆍ ㆍ ㆍ ㆍ 汁 法 法 法 | 부수: 氵(삼수변) 총 8획 |

法規 법규 | 일반 국민(國民)의 권리(權利)와 의무(義務)에 관계있는 법 규범(規範). (規 법 규)
法令 법령 | 법률(法律)과 명령(命令)을 아울러 이르는 말. (令 하여금 령)

법 **법**

| 亠 言 絲 絲 絲 絲 絲 戀 變 變 | 부수: 言(말씀언) 총 23획 |

變德 변덕 | 이랬다저랬다 잘 변하는 성질(性質)이나 태도(態度). (德 덕 덕)
變動 변동 | 바뀌어 달라짐. 변(變)하여 움직임. (動 움직일 동)
變化 변화 | 사물의 성질(性質), 모양, 상태(狀態) 따위가 바뀌어 달라짐. (化 될 화)

변할 **변**

臨機應變 임기응변 그때그때 처한 뜻밖의 일을 재빨리 그 자리에서 알맞게 대처(對處)하는 일. 臨 임할 임(림) | 機 틀 기 | 應 응할 응 | 變 변할 변

病
병 병

`、 亠 广 广 疒 疒 疒 病 病 病`

부수: 疒(병질엄) 총 10획

病名 병명 | 병의 이름. (名 이름 명)
病院 병원 | 병자(病者)를 진찰, 치료하는 데에 필요한 설비를 갖추어 놓은 곳. (院 집 원)

兵
병사 병

`′ 厂 厂 斤 斤 丘 兵 兵`

부수: 八(여덟팔) 총 7획

兵力 병력 | 군대(軍隊)의 인원(人員). 또는 그 숫자. (力 힘 력)
兵法 병법 | 군사를 지휘하여 전쟁(戰爭)하는 방법(方法). (法 법 법)
兵士 병사 | 군인이나 군대를 이르던 말. 부사관 아래의 군인(軍人). (士 선비 사)

服
옷 복

`) 刀 月 月 月' 肌 服 服`

부수: 月(달월) 총 8획

克服 극복 | ① 악조건이나 고생 따위를 이겨 냄. ② 적을 이기어 굴복시킴. (克 이길 극)
服務 복무 | 어떤 직무나 임무에 힘씀. (務 힘쓸 무)

福
복 복, 간직할 부

`, 丁 示 示 社 和 福 福`

부수: 示(보일시변) 총 13획

福祉 복지 | 행복(幸福)한 삶. (祉 복 지)
幸福 행복 | ① 복된 좋은 운수(運數). ② 생활(生活)의 충분한 만족(滿足)과 기쁨을 느끼어 흐뭇한 상태(狀態). (幸 다행 행)

本
근본 본

`一 十 才 木 本`

부수: 木(나무목) 총 5획

基本 기본 | 사물이나 현상, 이론, 시설 따위의 기초와 근본. (基 터 기)
本質 본질 | ① 본디부터 가지고 있는 사물 자체의 성질이나 모습. ② 사물이나 현상을 성립시키는 근본적인 성질. (質 바탕 질)

奉 받들 봉

一 二 三 丰 夫 表 奉 奉

부수: 大(큰대) 총 8획

奉事 봉사 | ①웃어른을 받들어 섬김. ②조선(朝鮮) 시대에 관상감(觀象監), 군기시(軍器寺), 내의원(內醫院), 사역원(司譯院), 전옥서(典獄署), 종묘서(宗廟署) 따위에 딸린 종8품 벼슬. (事 일 사)

父 아버지 부, 아비 부

ノ ハ グ 父

부수: 父(아비부) 총 4획

父性 부성 | 아버지로서 가지는 정신적·육체적 성질. 또는 그런 본능. (性 성품 성)
父子 부자 | 아버지와 아들. (子 아들 자)

夫 지아비 부

一 二 ナ 夫

부수: 大(큰대) 총 4획

夫婦 부부 | 남편(男便)과 아내. (婦 아내 부)
夫人 부인 | ①남의 아내를 높여 이르는 말. ②예전에 사대부 집안의 남자가 자기 아내를 이르던 말. (人 사람 인)

部 거느릴 부

` 一 一 ㅗ 方 咅 咅 咅 咅' 部 部

부수: 阝(우부방) 총 11획

部分 부분 | 전체를 이루는 작은 범위. 또는 전체를 몇 개로 나눈 것의 하나. (分 나눌 분)
部品 부품 | 기계 따위의 어떤 부분에 쓰는 물품. (品 물건 품)

北 북녘 북, 달아날 배

丨 丬 圠 圠 北

부수: 匕(비수비) 총 5획

北極 북극 | ①지축(地軸)의 북쪽 끝. ②자침(磁針)이 가리키는 북쪽 끝. (極 극진할 극)
北方 북방 | 북쪽 지방(地方). (方 모 방)
敗北 패배 | 싸움에 져서 도망(逃亡)함. (敗 패할 패)

滅私奉公 멸사봉공 사(私)를 버리고 공(公)을 위(爲)하여 힘써 일함. 滅 꺼질 멸/멸할 멸 | 私 사사 사 | 奉 받들 봉 | 公 공평할 공

分	ノ 八 分 分	부수 : 刀(칼도) 총 4획
나눌 분, 푼 푼	分明 분명 | 틀림없이 확실하게. (明 밝을 명) 分析 분석 | ① 얽혀 있거나 복잡한 것을 풀어서 개별적인 요소나 성질로 나눔. ② 개념이나 문장을 보다 단순한 개념이나 문장으로 나누어 의미를 명료하게 함. (析 쪼갤 석)	

不	一 ア 不 不	부수 : 一(한일) 총 4획
아닐 부, 아닐 불	不幸 불행 | ① 행복(幸福)하지 못함. ② 일이 순조(順調)롭지 못하고 탈이 많음. (幸 행복 행) 不足 부족 | ① 필요(必要)한 양이나 한계(限界)에 미치지 못하고 모자람. 넉넉하지 못함. ② 만족(滿足)하지 않음. 마음에 차지 않음. (足 발 족)	

比	ノ ヒ 上 比	부수 : 比(견줄비) 총 4획
견줄 비	比較 비교 | 둘 이상의 사물을 견주어 차이(差異)·우열(優劣)·공통점 따위를 살피는 것. (較 견줄 교) 比率 비율 | 다른 수나 양에 대(對)한 어떤 수나 양의 비(比). (率 비율 율)	

費	一 弓 弗 弗 費 費 費	부수 : 貝(조개패) 총 12획
쓸 비	費用 비용 | ① 물건을 사거나 어떤 일을 하는 데 드는 돈. ② 생산을 위하여 소비하는 원료비. (用 쓸 용) 浪費 낭비 | 시간(時間)이나 재물(財物) 따위를 헛되이 헤프게 씀. (浪 물결 낭)	

鼻	ノ 竹 白 白 白 自 畠 畠 畠 鼻 鼻	부수 : 鼻(코비) 총 14획
코 비	鼻腔 비강 | 콧속. (腔 속빌 강) 鼻炎 비염 | 콧속의 점막(粘膜)에 생기는 염증(炎症). (炎 불꽃 염) 鼻音 비음 | 코로 내는 소리. (音 소리 음)	

氷 얼음 빙

丨 丨 키 氷 氷 　　부수: 水(물수) 총 5획

- 氷上 빙상 | 얼음판의 위. (上 윗 상)
- 氷板 빙판 | 얼음이 깔린 길바닥. (板 널빤지 판)
- 流氷 유빙 | 물 위에 떠서 흘러가는 얼음덩이. (流 흐를 유)

四 넉 사

丨 冂 冂 四 四 　　부수: 口(큰입구몸) 총 5획

- 四寸 사촌 | 아버지의 친형제자매의 아들이나 딸과의 촌수. (寸 마디 촌)
- 四書 사서 | 중국(中國)의 고전(古典) 중 『논어(論語)』, 『맹자(孟子)』, 『중용(中庸)』, 『대학(大學)』을 이르는 말. (書 글 서)

事 일 사

一 二 戸 戸 戸 写 写 事 　　부수: 亅(갈고리궐) 총 8획

- 事典 사전 | 여러 가지 사항(事項)을 모아 일정한 순서로 배열하고 그 각각에 해설(解說)을 붙인 책(冊). (典 법 전)
- 事後 사후 | 일이 끝난 뒤나 일을 끝낸 뒤. (後 뒤 후)

社 모일 사

一 二 丁 亍 示 示 社 社 　　부수: 示(보일시변) 총 8획

- 社會 사회 | ① 같은 무리끼리 모여 이루는 집단. ② 공동생활을 영위하는 모든 형태의 인간 집단. (會 모일 회)
- 社長 사장 | 회사 책임자. 회사 업무의 최고 집행자로 대표의 권한을 지님. (長 길 장)

使 하여금 사

丿 亻 亻 亻 伄 伄 使 使 　　부수: 亻(사람인변) 총 8획

- 使臣 사신 | 임금이나 국가의 명령을 받고 외국에 사절로 가는 신하. (臣 신하 신)
- 使用 사용 | 일정한 목적이나 기능에 맞게 씀. (用 쓸 용)
- 使節 사절 | 나라를 대표하여 일정한 사명을 띠고 외국에 파견되는 사람. (節 마디 절)

氷山一角 빙산일각　빙산의 뿔이라는 뜻으로, 대부분이 숨겨져 있고 외부로 나타나 있는 것은 극히 일부분(一部分)에 지나지 않음을 비유한 말. 氷 얼음 빙 | 山 메 산 | 一 한 일 | 角 뿔 각

死 죽을 사	一ㄏ歹夕死死	부수: 歹(죽을사변) 총6획

死守 사수 | 죽음을 무릅쓰고 지킴. (守 지킬 수)
死活 사활 | 죽기와 살기라는 뜻으로, 어떤 중대한 문제를 비유적으로 이르는 말. (活 살 활)

仕 섬길 사, 벼슬 사	ノ亻仁仕仕	부수: 亻(사람인변) 총5획

仕途 사도 | 벼슬길. (途 길 도)
仕版 사판 | 벼슬아치의 명단(名單). (版 판목 판)
出仕 출사 | 벼슬을 하여 관직(官職)에 나아감. (出 날 출)

士 선비 사	一十士	부수: 士(선비사) 총3획

士氣 사기 | ① 의욕이나 자신감 따위로 충만하여 굽힐 줄 모르는 기세. ② 군사의 기세. (氣 기운 기)
人士 인사 | 사회적(社會的) 지위(地位)가 높거나 사회적 활동이 많은 사람. (人 사람 인)

史 사기 사	丨口口史史	부수: 口(입구) 총5획

史官 사관 | 역사 편찬을 맡아 초고(草稿)를 쓰는 일을 맡아보던 벼슬. 또는 그런 벼슬아치. (官 벼슬 관)
史料 사료 | 역사 연구에 필요한 문헌이나 유물, 문서, 기록, 건축 따위. (料 헤아릴 료)

思 생각 사	口曰田田思思思	부수: 心(마음심) 총9획

思慮 사려 | ① 여러 가지 일을 깊게 생각함. ② 마음속으로 분별함. 또는 그 분별. (慮 생각할 려)
意思 의사 | 무엇을 하고자 하는 생각. 마음먹은 생각. (意 뜻 의)

士氣衝天 사기충천 사기(士氣)가 하늘을 찌를 듯이 높음. 士 선비 사 | 氣 기운 기 | 衝 찌를 충 | 天 하늘 천

查 조사할 사	十木木杏杏杏查	부수: 木(나무목) 총 9획

查案 사안 | 사건(事件)의 사실을 조사(調査)하여 적은 문서(文書). (案 책상 안)
查正 사정 | 조사(調査)하여 그릇된 것을 바로잡음. (正 바를 정)
查察 사찰 | 조사(調査)하여 살핌. 또는 그런 사람. (察 살필 찰)

寫 베낄 사	丶宀宀宁宵宵寫寫	부수: 宀(갓머리) 총 15획

寫眞 사진 | ① 물체를 있는 모양(模樣) 그대로 그려 냄. ② 물체(物體)의 형상을 감광막 위에 나타나도록 찍어 오랫동안 보존할 수 있게 만든 영상. (眞 참 진)

山 뫼 산	丨山山	부수: 山(뫼산) 총 3획

山羊 산양 | 솟과의 포유류로 천연기념물 제217호이며, 식물의 잎과 연한 줄기를 먹고 바위 구멍에 보금자리를 만듦. (羊 양 양)
山中 산중 | 산의 가운데, 또는 높은 산이 있거나 산이 많은 곳. (中 가운데 중)

算 셈 산	ノ𠂉𠂉竹竹竹符笪筧算算	부수: 竹(대죽) 총 14획

加算 가산 | ① 더하여 셈함. 보탬. ② 몇 개의 수나 식 따위를 합하여 계산함. 또는 그런 셈. (加 더할 가)
算出 산출 | 어떤 수치(數値)를 계산(計算)하여 냄. (出 날 출)

産 낳을 산	亠亠立产产产産産	부수: 生(날생) 총 11획

産卵 산란 | 알을 낳음. (卵 알 란)
産業 산업 | 인간 생활을 경제적으로 풍요롭게 하기 위하여 재화나 서비스를 생산하는 사업. (業 일 업)

心腹輸寫 심복수사 마음속의 생각을 모두 털어놓음. 心 마음 심 | 腹 배 복 | 輸 보낼 수 | 寫 베낄 사

三	一 二 三	부수: 一(한일) 총 3획
석 삼	三國 삼국 | 세 나라, 우리나라의 신라, 백제, 고구려를 말함. (國 나라 국) 三足烏 삼족오 | 중국 고대 신화에 나오는 해 속에서 산다는 세 발 가진 까마귀. (足 발 족, 烏 까마귀 오)	

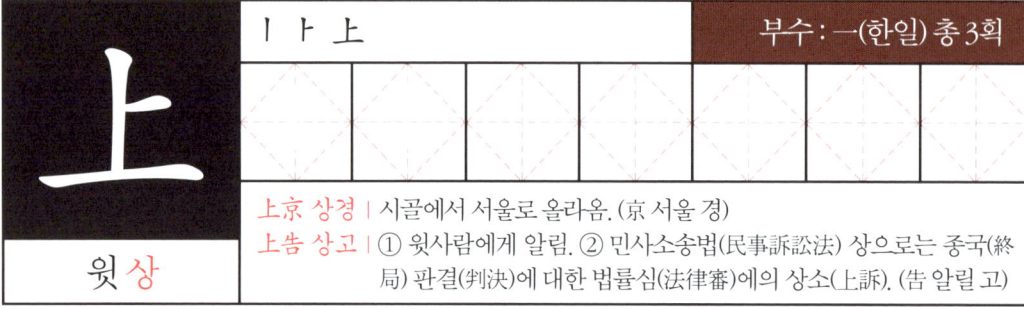

上	丨 卜 上	부수: 一(한일) 총 3획
윗 상	上京 상경 | 시골에서 서울로 올라옴. (京 서울 경) 上告 상고 | ① 윗사람에게 알림. ② 민사소송법(民事訴訟法) 상으로는 종국(終局) 판결(判決)에 대한 법률심(法律審)에의 상소(上訴). (告 알릴 고)	

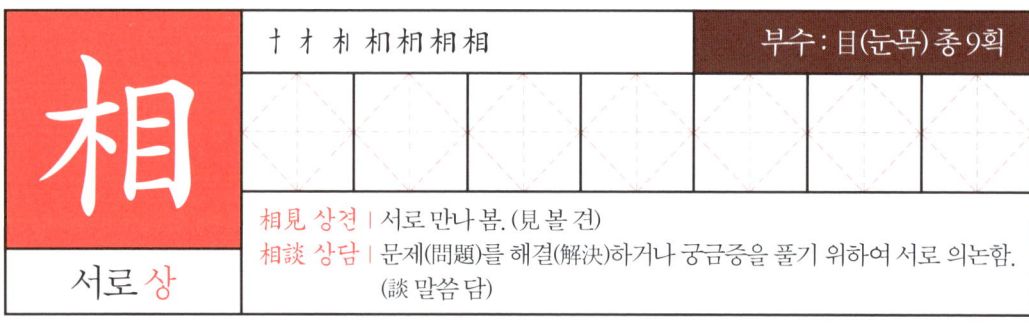

相	一 十 才 木 相 相 相 相 相	부수: 目(눈목) 총 9획
서로 상	相見 상견 | 서로 만나 봄. (見 볼 견) 相談 상담 | 문제(問題)를 해결(解決)하거나 궁금증을 풀기 위하여 서로 의논함. (談 말씀 담)	

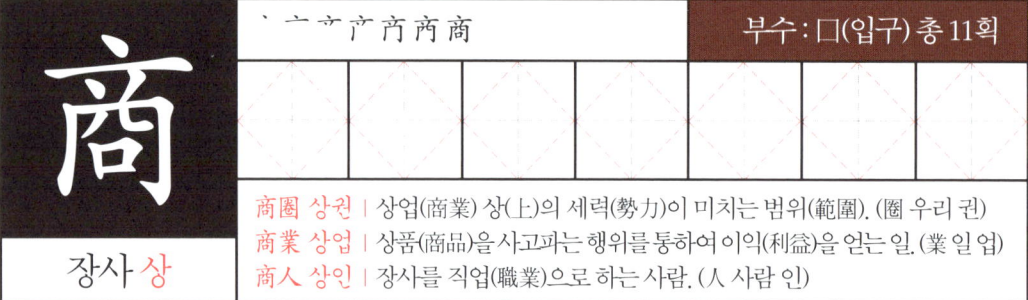

商	丶 亠 ㅗ 产 产 产 商 商	부수: 口(입구) 총 11획
장사 상	商圈 상권 | 상업(商業) 상(上)의 세력(勢力)이 미치는 범위(範圍). (圈 우리 권) 商業 상업 | 상품(商品)을 사고파는 행위를 통하여 이익(利益)을 얻는 일. (業 일 업) 商人 상인 | 장사를 직업(職業)으로 하는 사람. (人 사람 인)	

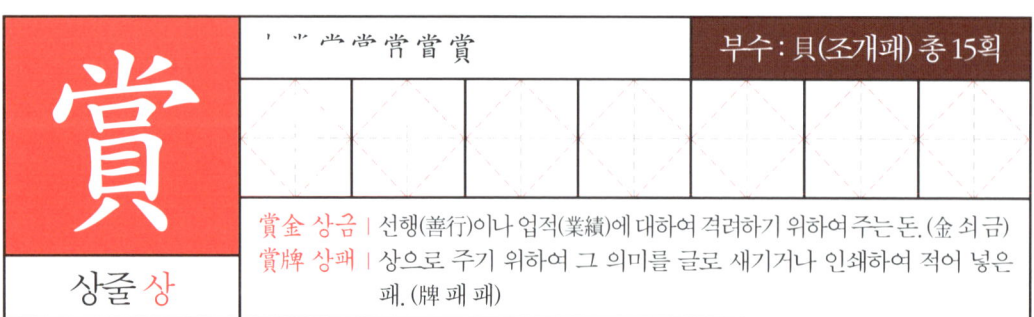

賞	丶 ⺌ 尚 尚 尚 賞 賞	부수: 貝(조개패) 총 15획
상줄 상	賞金 상금 | 선행(善行)이나 업적(業績)에 대하여 격려하기 위하여 주는 돈. (金 쇠금) 賞牌 상패 | 상으로 주기 위하여 그 의미를 글로 새기거나 인쇄하여 적어 넣은 패. (牌 패 패)	

相扶相助 상부상조 서로서로 도움. 相서로 상 | 扶 도울 부 | 相 서로 상 | 助 도울 조

色 빛 색

ノ ク ク ク 名 色

부수: 色(빛색) 총 6획

- **色感 색감** | 빛깔에서 받는 느낌, 또는 색채(色彩)의 감각(感覺). (感 느낄 감)
- **色素 색소** | 물체(物體)의 색의 본질(本質), 또는 물체(物體)에 빛깔을 나타내게 하는 염료(染料) 등의 성분(成分). (素 본디 소)

生 날 생

ノ ᅩ ᅩ 牛 生

부수: 生(날생) 총 5획

- **先生 선생** | 학생(學生)을 가르치는 사람. (先 먼저 선)
- **學生 학생** | 배우는 사람, 학교(學校)에 다니면서 공부(工夫)하는 사람. (學 배울 학)

西 서녘 서

一 一 一 一 西 西 西

부수: 襾(덮을아) 총 6획

- **西北 서북** | 서쪽과 북쪽. (北 북녘 북)
- **西海 서해** | ① 서쪽에 있는 바다. ② 우리나라의 서쪽에 있다는 뜻으로 '황해'를 이르는 말. (海 바다 해)

書 글 서

フ ᄀ ᄏ ᆿ 크 聿 聿 書 書 書

부수: 日(가로왈) 총 10획

- **書類 서류** | 글자로 기록한 문서를 통틀어 이르는 말. (類 무리 류)
- **書信 서신** | 편지. (信 믿을 신)
- **書齋 서재** | 서적을 갖추어 두고 책을 읽거나 글을 쓰는 방(房). (齋 재계할 재)

序 차례 서

丶 ᅩ 广 广 庐 序 序

부수: 广(엄호) 총 7획

- **序論 서론** | 말이나 글 따위에서 본격적인 논의를 하기 위한 실마리가 되는 부분. (論 논할 논)
- **序列 서열** | 일정한 기준에 따라 순서대로 늘어섬. 또는 그 순서(順序). (列 벌일 열)

長幼有序 장유유서 오륜(五倫)의 하나. 어른과 어린이 사이에는 순서(順序)와 질서(秩序)가 있음. 長 길 장/어른 장 | 幼 어릴 유 | 有 있을 유 | 序 차례서

夕

부수: 夕(저녁석) 총 3획

획순: ノ ク 夕

저녁 석

- 秋夕 추석 | 우리나라 명절(名節)의 하나. 음력(陰曆) 8월 보름. 중추절(中秋節), 한가위. (秋 가을 추)
- 夕刊 석간 | 저녁에 발행(發行)된 신문(新聞). (刊 새길 간)

石

부수: 石(돌석) 총 5획

획순: 一 ア ナ 石 石

돌 석

- 石手 석수 | 돌을 다루어 물건을 만드는 사람. (手 손 수)
- 石塔 석탑 | 석재를 이용하여 쌓은 탑. (塔 탑 탑)
- 礎石 초석 | 주춧돌. 기둥 밑에 기초(基礎)로 받쳐 놓은 돌. (礎 주춧돌 초)

席

부수: 巾(수건건) 총 10획

획순: 丶 一 广 广 广 庐 庐 庐 席 席

자리 석

- 客席 객석 | 극장 따위에서 손님이 앉는 자리. (客 손 객)
- 出席 출석 | 어떤 자리에 나아가 참석함. (出 날 출)
- 合席 합석 | 한자리에 같이 앉음. (合 합할 합)

先

부수: 儿(어진사람인발) 총 6획

획순: ノ 一 土 止 牛 先

먼저 선

- 先頭 선두 | 대열이나 행렬, 활동 따위에서 맨 앞. (頭 머리 두)
- 先祖 선조 | 할아버지 이상의 조상(祖上). (祖 조상 조)
- 先親 선친 | 자기(自己)의 돌아가신 아버지를 남에게 일컫는 말. (親 친할 친)

線

부수: 糸(실사변) 총 15획

획순: 丶 ᄼ ᄼ 幺 ᄼ 糸 糸 糹 糹 紒 紳 緼 線 線 線

줄 선

- 線分 선분 | 직선 위에서 그 위의 두 점에 한정된 부분. (分 나눌 분)
- 視線 시선 | ① 눈이 가는 길. 또는 눈의 방향. ② 주의 또는 관심을 비유적으로 이르는 말. (視 볼 시)

仙
신선 선
ノイ仁仙仙

부수: 亻(사람인변) 총 5획

仙境 선경 | ① 신선(神仙)이 산다는 곳. ② 경치(景致)가 신비스럽고 그윽한 곳. (境 지경 경)
仙女 선녀 | 선경(仙境)에 산다는 여자(女子). (女 여자 녀)

船
배 선
ノ丿丹月舟舟船船

부수: 舟(배주) 총 11획

船團 선단 | 조업 따위의 일을 공동으로 하는 배의 무리. (團 둥글 단)
船上 선상 | ① 배의 위. ② 항해(航海) 중인 배를 타고 있음을 뜻하는 말. (上 윗 상)
船員 선원 | 선박(船舶)의 승무원(乘務員). 배에서 일을 보는 사람. (員 인원 원)

善
착할 선
丶 丷 䒑 羊 芏 善 善 善

부수: 口(입구) 총 12획

善惡 선악 | 착한 것과 악(惡)한 것을 아울러 이르는 말. 선과 악. (惡 악할 악)
善行 선행 | 착하고 어진 행실(行實). (行 다닐 행)
最善 최선 | 가장 좋고 훌륭함. 또는 그런 일. (最 가장 최)

選
가릴 선
フ 巳 凹 凹 띧 뱌 巽 選 選

부수: 辶(책받침) 총 15획

選別 선별 | ① 가려서 따로 나눔. ② 골라서 추려 냄. (別 나눌 별)
選定 선정 | 여럿 가운데서 어떤 것을 뽑아 정함. (定 정할 정)
選出 선출 | 여럿 가운데서 뽑아 냄. 많은 사람 가운데서 골라냄. (出 날 출)

鮮
고울 선, 생선 선
ク 久 刍 鱼 魚 鮮 鮮 鮮

부수: 魚(물고기어) 총 17획

鮮度 선도 | 생선(生鮮)이나 야채(野菜) 따위의 신선한 정도(程度). (度 법도 도)
鮮明 선명 | 산뜻하고 뚜렷하여 다른 것과 혼동되지 않음. (明 밝을 명)
生鮮 생선 | 말리거나 절이지 않은, 물에서 잡아 낸 그대로의 물고기. (生 날 생)

鮮車怒馬 선거노마 좋은 수레와 힘센 말을 아울러 이르는 말. 鮮 고울 선/생선 선 | 車 수레 거 | 怒 성낼 노 | 馬 말 마

눈 설

一 厂 戸 币 乕 雨 雪 雪 雪

부수: 雨(비 우) 총 11획

雪景 설경 | 눈이 내리거나 눈이 쌓인 경치. (景 볕 경)
雪辱 설욕 | 상대를 이김으로써 지난번 패배의 부끄러움을 씻고 명예(名譽)를 되찾음. (辱 욕될 욕)

말씀 설, 달랠 세, 기뻐할 열

丶 亠 言 言 言 誩 誩 說

부수: 言(말씀 언) 총 14획

說得 설득 | 상대편이 이쪽 편의 이야기를 따르도록 여러 가지로 깨우쳐 말함. (得 얻을 득)
說問 설문 | 문제(問題)나 물음을 냄. (問 물을 문)

성씨 성

く 夕 女 女 女 姓 姓 姓

부수: 女(여자 녀) 총 8획

同姓 동성 | 같은 성(姓). 성씨(姓氏)가 같음. (同 한가지 동)
姓名 성명 | 성과 이름. (名 이름 명)
百姓 백성 | 나라의 근본을 이루는 일반(一般) 국민(國民). (百 일백 백)

이룰 성

丿 厂 厂 成 成 成

부수: 戈(창 과) 총 7획

成功 성공 | 목적하는 바를 이룸. (功 공 공)
成長 성장 | ① 사람이나 동식물 따위가 자라서 점점 커짐. ② 사물의 규모나 세력 따위가 점점 커짐. (長 길 장)

살필 성, 덜 생

丨 丨 小 少 少 省 省 省 省

부수: 目(눈 목) 총 9획

歸省 귀성 | 부모를 뵙기 위하여 객지에서 고향(故鄕)으로 돌아가거나 돌아옴. (歸 돌아갈 귀)
省略 생략 | 전체에서 일부를 줄이거나 뺌. (略 간략할 략)

性 성품 성

丶 忄 忄 忄 忄 性 性

부수: 忄(심방변) 총 8획

性格 성격 | 각 개인(個人)이 가지고 있는 고유(固有)한 성질이나 품성(品性). (格 격식 격)
性別 성별 | 남녀(男女)나 암수의 구별(區別). (別 나눌 별)

世 인간 세, 대 세

一 十 丗 丗 世

부수: 一(한일) 총 5획

世上 세상 | ① 사람이 살고 있는 모든 사회(社會)를 통틀어 이르는 말. ② 한 사람이 태어나서 죽을 때까지의 동안. (上 위 상)
世子 세자 | 왕의 자리를 이을 왕자(王子). 왕세자(王世子). (子 아들 자)

歲 해 세

부수: 止(거칠지) 총 13획

歲貢 세공 | 해마다 지방에서 나라에 바치던 공물(貢物). (貢 바칠 공)
歲月 세월 | ① 한없이 흘러가는 시간(時間). ② 시절(時節). (月 달 월)
歲前 세전 | 설 쇠기 전(前). (前 앞 전)

洗 씻을 세

부수: 氵(삼수변) 총 9획

洗手 세수 | 손이나 얼굴을 씻음. (手 손 수)
洗淨 세정 | 씻어서 깨끗이 함. (淨 깨끗할 정)
洗眼 세안 | 눈을 씻음. (眼 눈 안)

小 작을 소

亅 小 小

부수: 小(작을소) 총 3획

小人 소인 | 나이 어린 사람, 또는 몸집이 몹시 작은 사람. (人 사람 인)
小說 소설 | 작가의 상상력에 바탕을 두고 허구적으로 이야기를 꾸며 나가거나 사실을 각색한 산문체의 문학 양식. (說 말씀 설)

少 적을 소

丿 小 小 少

부수: 小(작을 소) 총 4획

少女 소녀 | 완전(完全)히 성숙(成熟)하지 않고 아주 어리지도 않은 여자(女子) 아이. (女 여자 녀)
少年 소년 | 완전히 성숙하지 않고 아주 어리지도 않은 사내 아이. (年 해 년)

所 바 소

丶 亅 亣 戶 戶 所 所 所

부수: 戶(지게 호) 총 8획

所感 소감 | 특별(特別)한 일, 특히 기쁜 일이나 뜻깊은 일을 겪고 난 뒤 마음에 느낀 바 또는, 느낀 바의 생각. (感 느낄 감)
所出 소출 | 일정(一定)한 논밭에서 나는 곡식(穀食), 또는 그 곡식의 양(量). (出 날 출)

消 사라질 소

丶 冫 冫 冫 冸 泸 消 消 消

부수: 氵(삼수변) 총 10획

消滅 소멸 | 사라져 없어짐. (滅 꺼질 멸)
消費 소비 | ① 돈이나 물자, 시간, 노력 따위를 들이거나 써서 없앰. ② 욕망을 충족하기 위하여 재화나 용역을 소모하는 일. (費 쓸 비)

速 빠를 속

一 ㄱ 厂 厂 戸 束 束 涑 速

부수: 辶(책받침) 총 11획

加速 가속 | 점점 속도(速度)를 더함. 또는 그 속도(速度). (加 더할 가)
速度 속도 | 물체가 나아가거나 일이 진행되는 빠르기. (度 법도 도)
速成 속성 | 빨리 이루어짐. 또는 빨리 깨침. (成 이룰 성)

束 묶을 속, 약속할 속

一 ㄱ 厂 厂 戸 束 束

부수: 木(나무 목) 총 7획

束縛 속박 | 어떤 행위나 권리 행사를 자유롭게 못하도록 강압으로 얽어매거나 제한함. (縛 얽을 박)
拘束 구속 | 행동이나 의사의 자유(自由)를 제한하거나 속박(束縛)함. (拘 잡을 구)

孫 ｜ 丁 了 孑 孑 孑 孓 孫 孫 孫　　　부수: 子(아들자) 총 10획

손자 손

孫子 손자 ｜ 아들의 아들. 또는 딸의 아들. (子 아들 자)
孫女 손녀 ｜ 아들의 딸. 또는 딸의 딸. (女 여자 녀)
後孫 후손 ｜ 자신의 세대에서 여러 세대가 지난 뒤의 자녀를 통틀어 이르는 말. (後 뒤 후)

水 ｜ 丨 亅 水 水　　　부수: 水(물수) 총 4획

물 수

雨水 우수 ｜ 빗물. 24절기(節氣)의 하나로 날씨가 많이 풀려 초목이 싹트는 시기(時期). (雨 비 우)
山水 산수 ｜ 산과 물. 곧 '자연(自然)'의 산천(山川)'을 일컫는 말. (山 메 산)

手 ｜ 一 二 三 手　　　부수: 手(손수) 총 4획

손 수

手段 수단 ｜ ① 어떤 목적을 이루기 위한 방법. 또는 그 도구. ② 일을 처리하여 나가는 솜씨와 꾀. (段 층계 단)
手才 수재 ｜ 학문(學問), 지능(知能)이 뛰어난 사람. (才 재주 재)

數 ｜ 丨 口 田 田 吕 婁 婁 婁 婁 數 數 數　　　부수: 攵(등글월문) 총 15획

셈 수

數量 수량 ｜ 수효(數爻)와 분량(分量). (量 헤아릴 량)
數學 수학 ｜ 수(數), 양(量) 및 공간(空間)의 도형(圖形)에 있어서의 여러 관계(關係)에 관(關)하여 연구(研究)하는 학문(學問). 산수(算數). (學 배울 학)

樹 ｜ 一 十 才 木 木 杧 柞 梏 梏 梏 梏 梏 樹 樹　　　부수: 木(나무목) 총 16획

나무 수

樹木 수목 ｜ ① 살아 있는 나무. ② 목본 식물을 통틀어 이르는 말. (木 나무 목)
樹林 수림 ｜ 나무숲. (林 수풀 림)
樹石 수석 ｜ 나무와 돌. (石 돌 석)

歲寒孤節 세한고절　추운 계절에도 혼자 푸르른 대나무로, 한 겨울의 심한 추위에도 굽히지 않는 굳은 절개를 뜻함. 歲 해 세 | 寒 찰 한 | 孤 외로울 고 | 節 마디 절

首 (머리 수)

부수: 首(머리수) 총 9획

필순: 丷 䒑 首 首 首 首 首

首都 수도 | 한 나라의 정부(政府)가 있는 도시(都市). 서울. (都 도읍 도)
首席 수석 | 등급이나 직위 따위에서 맨 윗자리. (席 자리 석)
首將 수장 | 장수(將帥) 가운데 우두머리. (將 장수 장)

宿 (잘 숙, 별자리 수)

부수: 宀(갓머리) 총 11획

필순: 宀 宀 宀 宿 宿 宿 宿

宿命 숙명 | 날 때부터 타고난 정해진 운명(運命). 또는 피할 수 없는 운명. (命 목숨 명)
宿泊 숙박 | 여관(旅館)이나 호텔 따위에서 잠을 자고 머무름. (泊 머무를 박)

順 (순할 순)

부수: 頁(머리혈) 총 12획

필순: 丿 川 川 順 順 順

順序 순서 | 정하여진 기준에서 말하는 전후(前後), 좌우(左右), 상하(上下) 따위의 차례(次例) 관계. (序 차례 서)
順位 순위 | 차례(次例)나 순서(順序)를 나타내는 위치(位置)나 지위. (位 자리 위)

術 (재주 술)

부수: 行(다닐행) 총 11획

필순: 丿 彳 彳 彳 彳 術 術 術 術 術 術

手術 수술 | 의료(醫療) 기계(機械)를 써서 환자(患者)의 병(病)을 고치는 일. (手 손 수)
術策 술책 | 어떤 일을 꾸미는 꾀나 방법. (策 꾀 책)
話術 화술 | 말을 잘하는 슬기와 능력. 말재주. (話 말씀 화)

習 (익힐 습)

부수: 羽(깃우) 총 11획

필순: 丁 丁 丬 羽 羽 羽 習 習 習

習慣 습관 | 어떤 행위를 오랫동안 되풀이하는 과정에서 저절로 익혀진 행동 방식. (慣 익숙할 관)
習得 습득 | 학문이나 기술 따위를 배워서 자기 것으로 함. (得 얻을 득)

首丘初心 수구초심　여우가 죽을 때에 머리를 자기가 살던 굴 쪽으로 둔다는 뜻으로, 고향을 그리워하는 마음을 이르는 말. 首 머리 수 | 丘 언덕 구 | 初 처음 초 | 心 마음 심

勝

```
丿 丨 丬 丬 丬 丬 丬 丬 肽 肽 勝 勝
```

부수: 力(힘력) 총 12획

이길 승

- 勝利 승리 | 겨루어서 이김. (利 이로울 리)
- 勝者 승자 | 싸움이나 경기 따위에서 이긴 사람. 또는 그런 단체. (者 놈 자)
- 優勝 우승 | 경기, 경주 따위에서 이겨 첫째를 차지함. 또는 첫째 등위. (優 넉넉할 우)

市

```
丶 一 宀 宀 市
```

부수: 巾(수건건) 총 5획

저자 시

- 市場 시장 | 도회지(都會地)에서 날마다 서는 물건(物件)을 사고파는 곳. 일용품(日用品), 식료품(食料品) 따위를 한곳에 모아 파는 곳. (場 마당 장)
- 市廳 시청 | 시의 행정 사무를 맡아보는 기관, 또는 그 청사(廳舍). (廳 관청 청)

時

```
丨 冂 日 日 日丨 日土 日士 時 時
```

부수: 日(날일) 총 10획

때 시

- 時空 시공 | 시간(時間)과 공간(空間). (空 빌 공)
- 時論 시론 | 한 시대(時代)의 여론(輿論). 그때그때 일어나는 시사(時事)에 대(對)한 평론(評論)이나 의논(議論). (論 논할 론)

始

```
㇄ 女 女 女 女丶 女厶 始 始
```

부수: 女(여자녀) 총 8획

비로소 시

- 始作 시작 | 어떤 일이나 행동의 처음 단계를 이루거나 그렇게 하게 함. (作 지을 작)
- 始祖 시조 | ① 한 겨레나 가계의 맨 처음이 되는 조상. ② 어떤 학문이나 기술 따위를 처음으로 연 사람. (祖 조상 조, 할아버지 조)

示

```
一 二 于 示 示
```

부수: 示(보일시) 총 5획

보일 시

- 示角 시각 | 물체(物體)의 양쪽 끝으로부터 눈에 이르는 두 직선(直線)이 이루는 각.
- 示範 시범 | 모범(模範)을 보임. (範 법 범)
- 提示 제시 | 어떠한 뜻을 글이나 말로 드러내어 보이거나 가리킴. (提 끌 제)

拈華示衆 염화시중 '꽃을 따서 무리에게 보인다' 는 뜻으로, 말이나 글에 의(依)하지 않고 이심전심(以心傳心)으로 뜻을 전(傳)하는 일. 拈 집을 념(염) | 華 빛날 화 | 示 보일 시 | 衆 무리 중

ノ 人 人 今 今 今 食 食 食

부수 : 食(밥식) 총 9획

食口 식구 | 한 집안에서 같이 살면서 끼니를 함께 먹는 사람. (口 입 구)
食堂 식당 | 음식(飲食)만을 먹는 방(房), 또는 간단(簡單)한 음식(飲食)을 파는 집. (堂 집 당)

밥 식

十 才 木 木 村 村 枯 枯 植 植 植

부수 : 木(나무목) 총 12획

植木 식목 | 나무를 심음. (木 나무 목)
植木日 식목일 | 나무를 아껴 가꾸고 많이 심기를 권장(勸獎)할 목적(目的)으로 제정(制定)된 날. (木 나무 목, 日 날 일)

심을 식

一 二 三 式 式 式

부수 : 弋(주살익) 총 6획

式前 식전 | 식을 거행하기 전. (前 앞 전)
公式 공식 | ① 국가적이나 사회적으로 인정된 공적인 방식. ② 계산의 법칙 따위를 문자와 기호로 나타낸 식. (公 공평할 공)

법 식

言 言 言 言 誩 諮 識 識

부수 : 言(말씀언) 총 19획

識見 식견 | 학식(學識)과 견문이라는 뜻으로, 사물을 분별할 수 있는 능력을 이르는 말. (見 볼 견)
識別 식별 | 사물의 성질이나 종류 따위를 분별하여 알아봄. (別 나눌 별)

알 식, 적을 지, 깃발 치

ノ イ イ 厂 乍 乍 信 信 信

부수 : 亻(사람인변) 총 9획

信賴 신뢰 | 굳게 믿고 의지함. (賴 의뢰할 뢰)
信用 신용 | ① 사람이나 사물이 틀림없다고 믿어 의심하지 아니함. ② 거래한 재화의 대가를 앞으로 치를 수 있음을 보이는 능력. (用 쓸 용)

믿을 신

身 몸 신	´ ㄟ ㄏ ή 自 身 身	부수 : 身(몸신) 총 7획

身分 신분 | ① 개인의 사회적인 위치나 계급. ② 부모·자녀·가족·배우자 따위와 같이 신분 관계의 구성원으로 갖는 법률적 지위. (分 나눌 분)
身體 신체 | 사람의 몸. (體 몸 체)

| 新 새 신 | `´ ㅗ ㅛ ㅍ ㆍ 후 후 쿠 亲 新 新 新` | 부수 : 斤(날근) 총 13획 |

新規 신규 | ① 새로운 규칙이나 규정. ② 새로이 하는 일. (規 법 규)
新設 신설 | 새로 설치하거나 설비함. (設 베풀 설)
革新 혁신 | 묵은 풍속, 관습, 조직, 방법 따위를 완전히 바꾸어서 새롭게 함. (革 가죽 혁)

| 神 귀신 신 | ´ 二 テ 示 示 示 示 祁 神 神 | 부수 : 示(보일시변) 총 10획 |

神明 신명 | 신령스럽고 이치에 밝음. (明 밝을 명)
神話 신화 | ① 고대인의 사유나 표상이 반영된 신성한 이야기. ② 절대적이고 획기적인 업적을 비유적으로 이르는 말. (話 말씀 화)

| 臣 신하 신 | 一 T 下 Ŧ 臣 臣 | 부수 : 臣(신하신) 총 6획 |

臣僚 신료 | ① 모든 신하(臣下). ② 신하(臣下)끼리의 동료(同僚). (僚 동료 료)
臣民 신민 | 군주국(君主國)에서 관원(官員)과 백성(百姓)을 아울러 이르는 말. (民 백성 민)

| 室 집 실 | ´ ´ ウ ウ 字 宏 室 室 室 | 부수 : 宀(갓머리) 총 9획 |

室內 실내 | 방 안. (內 안 내)
敎室 교실 | 유치원, 초등학교, 중·고등학교에서 학습 활동이 이루어지는 방. (敎 가르칠 교)

股肱之臣 고굉지신 '다리와 팔뚝에 비길 만한 신하(臣下)'라는 뜻으로, 임금이 가장 신임(信任)하는 중신(重臣)을 이르는 말. 股 넓적다리 고 | 肱 팔뚝 굉 | 之 갈 지 | 臣 신하 신

| | ノ ト 上 失 失 | 부수: 大(큰대) 총 5획 |

失手 실수 | 조심하지 아니하여 잘못함. 또는 그런 행위. (手 손 수)
失踪 실종 | 종적을 잃어 간 곳이나 생사(生死) 여부(與否)를 알 수 없게 됨. (踪 자취 종)
失敗 실패 | 일을 잘못하여 뜻한 대로 되지 아니하거나 그르침. (敗 패할 패)

잃을 실

| ニ 宀 宁 宁 宙 宙 實 實 實 | 부수: 宀(갓머리) 총 14획 |

實力 실력 | ① 실제(實際)로 갖추고 있는 힘이나 능력(能力). ② 경제력이나 무력(武力). (力 힘 력)
實名 실명 | 실제의 이름. (名 이름 명)

열매 실

| ノ 心 心 心 | 부수: 心(마음심) 총 4획 |

心身 심신 | 마음과 몸을 아울러 이르는 말. (身 몸 신)
眞心 진심 | ① 거짓이 없는 참된 마음. ② 참되고 변하지 않는 마음의 본체(本體). (眞 참 진)

마음 심

| 一 十 | 부수: 十(열십) 총 2획 |

十干 십간 | 간지(干支)에서 갑(甲), 을(乙), 병(丙), 정(丁), 무(戊), 기(己), 경(庚), 신(辛), 임(壬), 계(癸). (干 방패 간)
十分 십분 | 아주 충분히. (分 나눌 분)

열 십

| ノ 丨 丨 丨 白 白 臼 兒 | 부수: 儿(어진사람인발) 총 8획 |

育兒 육아 | 어린아이를 기름. (育 기를 육)
迷兒 미아 | ① 길이나 집을 잃고 헤매는 아이. ② 남에게 '자기 아들'을 낮추어 이르는 말. (迷 미혹할 미)

아이 아

務實力行 무실역행 참되고 실속 있도록 힘써 실행(實行)함. 務 힘쓸 무 | 實 열매 실 | 力 힘 역 | 行 다닐 행

惡
악할 악, 미워할 오

一 亻 亻 严 币 巫 巫 亞 惡

부수: 心(마음 심) 총 12획

- 惡談 악담 | 남을 비방하거나, 잘되지 못하도록 저주하는 말. (談 말씀 담)
- 惡夢 악몽 | 불길(不吉)한 무서운 꿈. (夢 꿈 몽)
- 惡法 악법 | 사회(社會)에 해(害)를 끼치는 나쁜 법규나 제도(制度). (法 법 법)

安
편안할 안

丶 丶 宀 宀 安 安

부수: 宀(갓머리) 총 6획

- 安定 안정 | 일이나 마음이 평안(平安)하게 정(定)하여짐. 흔들리지 않고 안전(安全)하게 자리가 잡힘. (定 정할 정)
- 安寧 안녕 | 걱정이나 탈이 없음. 또는 몸이 건강하고 마음이 편안함. (寧 안녕 녕)

案
책상 안

丶 宀 宀 安 安 安 案 案

부수: 木(나무 목) 총 10획

- 案件 안건 | 토의(討議)하거나 조사하여야 할 사실. (件 물건 건)
- 案內 안내 | ①어떤 내용(內容)을 소개하여 알려 줌. 또는 그런 일. ②등록(登錄) 대장(臺帳)이나 명부(名簿) 따위의 안. (內 안 내)

愛
사랑 애

丶 丶 丶 丶 灬 灬 灬 恶 恶 愛 愛 愛 愛

부수: 心(마음 심) 총 13획

- 愛國 애국 | 자기 나라를 사랑함. (國 나라 국)
- 愛情 애정 | ①사랑하는 마음. ②남녀(男女) 사이에서 서로 그리워하는 마음. (情 뜻 정)
- 愛族 애족 | 자기 겨레를 사랑함. (族 겨레 족)

野
들 야

丨 冂 冃 日 旦 甲 里 野 野 野 野

부수: 里(마을 리) 총 11획

- 野望 야망 | 크게 무엇을 이루어 보겠다는 희망(希望). (望 바랄 망)
- 野山 야산 | 들 가까이의 나지막한 산. (山 메 산)
- 野生 야생 | 산이나 들에서 저절로 나서 자람. 또는 그런 생물. (生 날 생)

螢窓雪案 형창설안 | 반딧불이 비치는 창과 눈에 비치는 책상(冊床)이라는 뜻으로, 어려운 가운데서도 학문(學問)에 힘씀을 비유한 말. 螢 반딧불이 형 | 窓 창창 | 雪 눈설 | 案 책상 안

夜	丶 亠 广 广 疒 ヶ 夜 夜	부수: 夕(저녁석) 총 8획
밤 야	夜間 야간 | 해가 진 뒤부터 먼동이 트기 전까지의 동안. 밤. (間 사이 간) 夜光 야광 | ① 어둠 속에서 빛을 냄. 또는 그런 물건. ② '달'을 달리 이르는 말. (光 빛 광)	

弱	¬ ¬ 弓 弓 弓 弜 弱 弱 弱 弱	부수: 弓(활궁) 총 10획
약할 약	衰弱 쇠약 | 힘이 쇠(衰)하고 약(弱)함. (衰 쇠할 쇠) 弱小 약소 | 약하고 작음. (小 작을 소) 弱者 약자 | 힘이나 세력이 약한 사람이나 생물. 또는 그런 집단. (者 놈 자)	

藥	一 十 艹 ⺾ 茓 苩 苩 茁 茁 茲 茲 藥 藥	부수: ⺾(초두머리) 총 19획
약 약	藥局 약국 | ① 약사가 약을 조제하거나 파는 곳. ② 처방에 의하여 약을 지어 주는 병원의 한 부서. (局 판 국) 藥物 약물 | 약의 재료가 되는 물질. (物 물건 물)	

約	⺃ ⺌ 幺 糸 糸 紅 約 約	부수: 糸(실사변) 총 9획
맺을 약	約束 약속 | 다른 사람과 앞으로의 일을 어떻게 할 것인가를 미리 정하여 둠. 또는 그렇게 정한 내용(內容). (束 묶을 속) 約定 약정 | 남과 일을 약속(約束)하여 정(定)함. (定 정할 정)	

洋	丶 丶 氵 氵 氵 汫 洋 洋 洋	부수: 氵(삼수변) 총 9획
큰 바다 양	東洋 동양 | 유라시아 대륙의 동부 지역. 아시아의 동부 및 남부를 이르는데 한국, 중국, 일본, 인도, 미얀마, 타이, 인도네시아 등. (東 동녘 동) 西洋 서양 | 유럽과 남북아메리카의 여러 나라를 통틀어 이르는 말. (西 서녘 서)	

金石盟約 금석맹약 쇠붙이와 돌처럼 굳고 변함없는 약속(約束). =금석지계(金石之契) 金 쇠금 | 石 돌석 | 盟 맹세 맹 | 約 맺을 약

| 陽 | `丨 丨 阝 阝⺊ 阝⺊⺊ 阝⺊⺊ 阝⺊⺊⺊ 阝⺊⺊⺊⺊ 陽 陽 陽` | 부수: 阝(좌부변) 총 12획 |

볕 양

陽地 양지 | ① 볕이 바로 드는 곳. ② 혜택을 받는 입장을 비유적으로 이르는 말. (地 땅 지)
夕陽 석양 | 저녁때의 햇빛. 또는 저녁때의 저무는 해. (夕 저녁 석)

| 養 | `⺍ 兰 羊 美 养 叁 養 養` | 부수: 食(밥식) 총 14획 |

기를 양

養成 양성 | ① 가르쳐서 유능(有能)한 사람을 길러 냄. ② 실력(實力), 역량(力量) 따위를 길러서 발전(發展)시킴. (成 이룰 성)
養育 양육 | 길러 자라게 함. (育 기를 육)

| 語 | `丶 亠 宀 宀 言 言 訂 評 評 語 語 語 語` | 부수: 言(말씀언) 총 14획 |

말씀 어

語學 어학 | 언어(言語)에 대해 연구(研究)하는 학문(學問). (學 배울 학)
語錄 어록 | 훌륭한 학자(學者)나 지도자(指導者)들이 한 말을 간추려 모은 기록(記錄). (錄 적을 록)

| 魚 | `丿 ⺈ 各 备 备 角 角 魚 魚` | 부수: 魚(물고기어) 총 11획 |

물고기 어

魚種 어종 | 물고기의 종류(種類). (種 씨 종)
魚貝 어패 | 물고기와 조개. (貝 조개 패)
魚族 어족 | 물고기를 계통적(系統的)으로 나눈 종족(種族). (族 겨레 족)

| 漁 | `氵 氵 氵 沪 沪 渔 渔 漁` | 부수: 氵(삼수변) 총 14획 |

고기잡을 어

漁業 어업 | 영리를 목적으로 물고기, 조개, 미역따위를 잡거나 기르는 산업. 또는 그런 직업. (業 일 업)
漁村 어촌 | 어민(漁民)들이 모여 사는 바닷가 마을. (村 마을 촌)

漁夫之利 어부지리 어부(漁夫)의 이익(利益)이라는 뜻으로, 둘이 다투는 틈을 타서 엉뚱한 제3자(第三者)가 이익(利益)을 가로챔을 이르는 말. 漁 고기 잡을 어 | 夫 지아비 부 | 之 갈 지 | 利 이로울 리

亻 亻 仁 俨 倍 倍 倍 億

부수: 亻(사람인변) 총 15획

億劫 억겁 | 무한하게 오랜 시간. (劫 위험할 겁)
億萬 억만 | ① 아주 많은 수효(數爻). ② 십진(十進) 급수(級數) 단위(單位)의 하나. 만의 만 곱절. (萬 일만 만)

억 억

丶 亠 亼 亖 言 言 言

부수: 言(말씀언) 총 7획

言語 언어 | 생각, 느낌 따위를 나타내거나 전달하는 데에 쓰는 음성, 문자 따위의 수단. 또는 그 음성이나 문자 따위의 사회 관습적인 체계. (語 말씀 어)
言行 언행 | 말과 행동을 아울러 이르는 말. (行 다닐 행)

말씀 언

丨 十 卄 业 业 业 业 业 丵 丵 業 業 業

부수: 木(나무목) 총 13획

業主 업주 | 영업(營業)에 관한 모든 책임(責任)과 권한(權限)을 가지는 주인(主人). 영업주. (主 임금 주)
業體 업체 | 사업이나 기업의 주체. (體 몸 체)

업 업

丿 夕 夕 夕 夕 外 狄 狄 狄 然 然 然

부수: 灬(연화발) 총 12획

然後 연후 | 그러한 뒤. (後 뒤 후)
偶然 우연 | ① 아무런 인과관계가 없이 뜻하지 아니하게 일어난 일. ② 우연성(偶然性). (偶 짝 우)

그럴 연

一 十 土 圥 坴 刲 刲 埶 埶 埶 熱

부수: 灬(연화발) 총 15획

熱氣 열기 | ① 뜨거운 기운(氣運). ② 몸에 열이 있는 기운. ③ 뜨겁게 가열된 기체(氣體). ④ 흥분한 분위기(雰圍氣). (氣 기운 기)
熱情 열정 | 어떤 일에 열렬(熱烈)한 애정(愛情)을 가지고 열중하는 마음. (情 뜻 정)

더울 열

熱血男兒 열혈남아 열정(熱情)의 피가 끓는 사내. 熱 더울 열 | 血 피 혈 | 男 사내 남 | 兒 아이 아

葉 잎 엽

一 + 廾 끗 끗 笹 華 葉華葉

부수: ++(초두머리) 총 13획

葉序 엽서 | 잎의 줄기에 벌여 붙는 모양. 어긋나기, 마주나기, 돌려나기, 뭉쳐나기 따위. (序 차례 서)
葉綠 엽록 | 잎에 있는 녹색(綠色) 물질(物質). (綠 푸를 록)

英 꽃부리 영

一 + 十 十 廾 艹 芏 苎 英英

부수: ++(초두머리) 총 9획

英國 영국 | 유럽 서부 대서양 가운데 있는 입헌 군주국. 수도는 런던. (國 나라 국)
英語 영어 | 미국, 영국, 캐나다 등을 비롯하여 세계 여러 나라에서 사용하는 국제어 구실을 함. (語 말씀 어)

永 길 영

丶 亠 亍 永 永

부수: 水(물수) 총 5획

永生 영생 | 영원한 생명. 또는 영원히 삶. (生 날 생)
永遠 영원 | ① 어떤 상태가 끝없이 이어짐. ② 보편적 진리처럼 그 의미나 타당성이 시간을 초월함. (遠 멀 원)

五 다섯 오

一 丁 五 五

부수: 二(두이) 총 4획

五倫 오륜 | 사람이 지켜야 할 다섯 가지의 떳떳한 도리(道理). (倫 인륜 륜)
五味 오미 | 다섯 가지 맛. 단맛, 짠맛, 신맛, 쓴맛, 매운맛. (味 맛 미)
五月 오월 | 한 해 가운데 다섯째 달. (月 달 월)

午 일곱째 지지 오

丿 二 仁 午

부수: 十(열십) 총 4획

午前 오전 | 자정으로부터 낮 열두 시까지의 동안. (前 앞 전)
正午 정오 | 낮 열두 시(時). 곧, 태양(太陽)이 표준(標準) 자오선(子午線)을 지나는 시각(時刻). (正 바를 정)

一葉知秋 일엽지추 나뭇잎 하나가 떨어짐을 보고 가을이 옴을 안다는 뜻으로, 한 가지 일을 보고 장차 오게 될 일을 미리 짐작(斟酌)함. 一 한 일 | 葉 잎 엽 | 知 알 지 | 秋 가을 추

屋 집 옥	ㄱㄱㄹㄹ尸层层层屋屋	부수: 尸(주검시엄) 총 9획
	屋內 옥내 | 집 또는 건물의 안. (內 안 내) 屋外 옥외 | 집 또는 건물의 밖. (外 바깥 외) 韓屋 한옥 | 우리나라 고유(固有)의 형식(形式)으로 지은 집. (韓 한국 한)	

溫 따뜻할 온	氵氵汀汀沪沪涠涠涠溫溫溫	부수: 氵(삼수변) 총 13획
	溫度 온도 | 따뜻함과 차가움의 정도. 또는 그것을 나타내는 수치. (度 법도 도) 溫泉 온천 | 지열에 의하여 지하수가 그 지역의 평균 기온 이상으로 데워져 솟아 나오는 샘. (泉 샘 천)	

完 완전할 완	ㆍㆍ宀宀宇完完	부수: 宀(갓머리) 총 7획
	完工 완공 | 공사(工事)를 완성함. (工 장인 공) 完備 완비 | 빠짐없이 완전(完全)히 갖춤. (備 갖출 비) 完成 완성 | 어떤 사물(事物)을 완전(完全)히 이룸. (成 이룰 성)	

王 임금 왕	一二干王	부수: 王(구슬옥변) 총 4획
	王權 왕권 | 임금의 지닌 권력(權力)이나 권리(權利). (權 권세 권) 王道 왕도 | 임금으로서 마땅히 지켜야 할 도리(道理). (道 길 도) 女王 여왕 | 여자(女子) 임금. (女 여자 녀)	

外 밖 외, 바깥 외	ノクタ外外	부수: 夕(저녁석) 총 5획
	海外 해외 | '바다 밖의 다른 나라'라는 뜻으로 '외국(外國)'을 일컫는 말. (海 바다 해) 外交 외교 | 일을 하기 위(爲)하여 밖의 사람과 교제(交際)함. (交 사귈 교)	

完全無缺 완전무결 | 충분(充分)하게 구비(具備)하여서 결점(缺點)이나 부족(不足)한 것이 없음. 完 완전할 완 | 全 온전할 전 | 無 없을 무 | 缺 이지러질 결

要 요긴할 요

一 一 一 开 西 西 要 要

부수: 两(덮을아) 총 9획

要件 요건 | ① 긴요한 일이나 안건. ② 필요(必要)한 조건(條件). (件 물건 건)
要求 요구 | ① 받아야 할 것을 필요(必要)에 의하여 달라고 청함. 또는 그 청. ② 어떤 행위(行爲)를 할 것을 청함. (求 구할 구)

曜 빛날 요

日 日 日 明 曜 曜

부수: 日(날일) 총 18획

曜日 요일 | 월(月)·화(火)·수(水)·목(木)·금(金)·토(土)·일(日)에 붙어 1주일(週日)의 각 날을 나타내는 말. (日 날 일)
日曜 일요 | 일요일(日曜日)의 준말. 주로 관형적으로 쓰임. (日 날 일)

浴 목욕할 욕

丶 氵 氵 浐 浐 浴 浴

부수: 氵(삼수변) 총 10획

浴室 욕실 | 목욕(沐浴)할 수 있는 방. (室 집 실)
浴場 욕장 | 목욕(沐浴)하는 곳. (場 마당 장)
浴槽 욕조 | 목욕(沐浴)을 할 수 있도록 물을 담는 통(桶). (槽 구유 조)

勇 날랠 용

一 一 一 一 币 币 币 甬 勇 勇

부수: 力(힘력) 총 9획

勇敢 용감 | 씩씩하고 겁이 없으며 기운(氣運) 참. (敢 감히 감)
勇氣 용기 | 씩씩하고 굳센 기운. 또는 사물을 겁내지 아니하는 기개. (氣 기운 기)
勇士 용사 | 용맹스러운 사람. (士 선비 사)

用 쓸 용

丿 刀 刀 月 用

부수: 用(쓸용) 총 5획

公用 공용 | ① 공공의 목적으로 씀. 또는 그런 물건 ② 공적인 용무. (公 공평할 공)
用度 용도 | 돈이나 물건 혹은 마음 따위를 쓰는 형편. 또는 그런 정도나 수량. (度 법도 도)
用紙 용지 | 어떤 일에 쓰는 종이. (紙 종이 지)

要領不得 요령부득 사물(事物)의 주요한 부분(部分)을 잡을 수 없다는 뜻으로, 말이나 글의 요령을 잡을 수 없음을 이르는 말. 要 요긴할 요 | 領 거느릴 령(영) | 不 아닐 부 | 得 얻을 득

| 右 | ノナオ右右 | 부수: 口(입구) 총 5획 |

오른쪽 우

右邊 우변 | ①두 편 중 오른쪽. ②등식이나 부등식에서, 등호 또는 부등호의 오른쪽에 적은 수나 식. (邊 가 변)
右側 우측 | 오른쪽. (側 곁 측)

| 友 | 一ナ方友 | 부수: 又(또우) 총 4획 |

벗 우

友邦 우방 | 서로 우호적인 관계를 맺고 있는 나라. (邦 나라 방)
友愛 우애 | 형제(兄弟)간 또는 친구 간의 사랑이나 정분(情分). (愛 사랑 애)
友情 우정 | 친구(親舊) 사이의 정. (情 뜻 정)

| 雨 | 一ｒ雨雨雨雨雨 | 부수: 雨(비우) 총 8획 |

비 우

雨量 우량 | 일정 기간 동안 일정한 곳에 내린 비의 분량(分量). (量 헤아릴 량)
雨雪 우설 | 눈과 비를 아울러 이르는 말. (雪 눈 설)
雨衣 우의 | 비옷. (衣 옷 의)

| 牛 | ノ𠂉⺉牛 | 부수: 牛(소우) 총 4획 |

소 우

牛馬 우마 | 소와 말. (馬 말 마)
牛舍 우사 | 외양간. 마소를 기르는 곳. (舍 집 사)
牛肉 우육 | 쇠고기. (肉 고기 육)

| 運 | 冖冖冃冃冒冒宣軍運運 | 부수: 辶(책받침) 총 13획 |

옮길 운

運動 운동 | ①사람이 몸을 단련하거나 건강을 위하여 몸을 움직이는 일. ②어떤 목적을 이루려고 힘쓰는 일. 또는 그런 활동. (動 움직일 동)
運命 운명 | 인간을 포함한 모든 것을 지배하는 초인간적인 힘. (命 목숨 명)

雨後竹筍 우후죽순 | 비가 온 뒤에 솟는 죽순(竹筍)이라는 뜻으로, 어떤 일이 일시(一時)에 많이 일어남을 이르는 말. 雨 비 우 | 後 뒤 후 | 竹 대 죽 | 筍 죽순 순

雲 구름 운

一 ⼆ 币 而 雨 雲 雲 雲 雲

부수: 雨 (비 우) 총 12획

雲霧 운무 | 구름과 안개를 아울러 이르는 말. (霧 안개 무)
雲峯 운봉 | 구름을 이고 있는 봉우리. (峯 봉우리 봉)
雲集 운집 | 구름처럼 모인다는 뜻으로, 많은 사람이 모여듦을 이르는 말. (集 모을 집)

雄 수컷 웅

一 ナ 左 玄 玄 雄 雄 雄

부수: 隹 (새 추) 총 12획

雄辯 웅변 | 조리(條理)가 있고 막힘이 없이 당당하게 말함. 또는 그런 말이나 연설. (辯 말씀 변)
雄壯 웅장 | 규모 따위가 으리으리하게 크고도 굉장함. (壯 장할 장)

園 동산 원

丨 冂 冂 冂 冃 冃 周 周 周 周 園 園 園

부수: 囗 (큰입구몸) 총 13획

公園 공원 | 국가나 지방 공공 단체가 공중의 보건 · 휴양 · 놀이 따위를 위하여 마련한 정원, 유원지, 동산 등의 사회 시설. (公 공평할 공)
田園 전원 | 논과 밭이라는 뜻으로, 도시에서 떨어진 시골이나 교외(郊外)를 이르는 말. (田 밭 전)

遠 멀 원

一 十 土 士 吉 吉 吉 声 袁 袁 遠 遠 遠

부수: 辶 (책받침) 총 14획

遠隔 원격 | 시간(時間)이나 공간적(空間的)으로 멀리 떨어져 있음. (隔 사이 뜰 격)
遠近 원근 | 멀고 가까움. (近 가까울 근)
遠洋 원양 | 뭍에서 멀리 떨어진 큰 바다. (洋 큰 바다 양)

元 으뜸 원

一 ⼆ テ 元

부수: 儿 (어진사람인발) 총 4획

元子 원자 | 임금의 맏아들. (子 아들 자)
元素 원소 | ① 집합을 이루는 낱낱의 요소. ② 물건(物件)을 만들어 내는 근본(根本)이 되는 것. (素 본디 소)

雄才大略 웅재대략 크고 뛰어난 재능(才能)과 원대(遠大)한 지략(智略). 또는 그런 사람. 雄 수컷 웅 | 才 재주 재 | 大 클 대/큰 대 | 略 간략할 략

院 집 원

> ⻖ 阝 阝' 阝宀 阝宁 院 院 院
> 부수: 阝(좌부변) 총 10획

院兒 원아 | 육아원, 고아원(孤兒院) 등(等)에서 양육(養育)되는 아동(兒童). (兒 아이 아)
院長 원장 | '院(원)' 자(字)가 붙은 시설(施設)이나 기관(機關)의 우두머리. (長 어른 장)

原 근원 원, 언덕 원

> 一 ㄏ 厂 厃 historian 原 原 原
> 부수: 厂(민엄호) 총 10획

原價 원가 | 상품의 제조, 판매, 배급에 든 재화와 용역을 단위별 계산 가격. (價 값 가)
原因 원인 | 어떤 사물이나 상태를 변화시키거나 일으키게 하는 근본이 된 일이나 사건. (因 인할 인)

願 원할 원

> 一 ㄏ 原 原 原` 願 願 願
> 부수: 頁(머리혈) 총 19획

願望 원망 | 원하고 바람. 또는 그런 것. (望 바랄 망)
願文 원문 | 원하는 바를 적은 글. 또는 그런 문서(文書). (文 글월 문)
祈願 기원 | 바라는 일이 이루어지기를 빎. (祈 빌 기)

月 달 월

> 丿 刀 月 月
> 부수: 月(달월) 총 4획

滿月 만월 | ①음력 보름날 밤에 뜨는 둥근달. ②아이 낳을 달이 다 참. (滿 찰 만)
月光 월광 | 달빛. 달에서 비쳐 오는 빛. (光 빛 광)
日月 일월 | 해와 달. (日 날 일)

位 자리 위

> 丿 亻 亻 亻亠 位 位 位
> 부수: 亻(사람인변) 총 7획

位階 위계 | 벼슬의 품계. 지위나 계층 따위의 등급(等級). (階 섬돌 계)
位置 위치 | ① 일정한 곳에 자리를 차지함. 또는 그 자리. ② 사회적(社會的)으로 담당하고 있는 지위(地位)나 역할. (置 둘 치)

所願成就 소원성취 원하던 바를 이룸. 所 바 소 | 願 원할 원 | 成 이룰 성 | 就 나아갈 취

| 偉 클 위 | 亻 亻' 亻'' 伊 偉 偉 偉 偉 | 부수: 亻(사람인변) 총 11획 |

偉大 위대 | 뛰어나고 훌륭함. (大 큰 대/클 대)
偉業 위업 | 위대(偉大)한 사업(事業)이나 업적(業績). (業 일 업)
偉人 위인 | 뛰어나고 위대(偉大)한 사람. (人 사람 인)

| 有 있을 유 | ノ 𠂇 ナ 有 有 有 | 부수: 月(달월) 총 6획 |

有功 유공 | 공로(功勞)가 있음. (功 공로 공)
有名 유명 | 이름이 세상(世上)에 널리 알려져 있음. (名 이름 명)
有害 유해 | 해가 있음. 해로움. (害 해칠 해)

| 由 말미암을 유 | 丨 冂 冂 由 由 | 부수: 田(밭전) 총 5획 |

經由 경유 | 거치어 지나감. (經 지날 경)
由來 유래 | 사물이나 일이 생겨남. 또는 그 사물이나 일이 생겨난 바. (來 올 래)
事由 사유 | 일의 까닭. (事 일 사)

| 油 기름 유 | 丶 丶 氵 氵 沪 沪 油 油 | 부수: 氵(삼수변) 총 8획 |

油田 유전 | 석유가 나는 곳. (田 밭 전)
石油 석유 | 땅속에서 천연으로 나는, 탄화수소를 주성분으로 하는 가연성 기름. (石 돌 석)

| 育 기를 육 | 丶 一 亠 㐄 产 育 育 育 | 부수: 月(육달월) 총 8획 |

育成 육성 | 어떤 종류(種類)나 무리의 사람을 가르쳐서 기르거나 어떤 품종(品種)의 동물(動物)이나 식물(植物)을 길러 자라게 하는 것. (成 이룰 성)
育兒 육아 | 어린아이를 기름. (兒 아이 아)

容貌魁偉 용모괴위 | 얼굴과 몸매가 뛰어나게 크고 씩씩하고 훌륭함. 容 얼굴 용 | 貌 모양 모 | 魁 괴수 괴 | 偉 클 위

銀
은 은

丿 𠂉 𠂊 𠂋 𠂌 全 金 金ʳ 金ʴ 釒 鉬 銀

부수: 金(쇠금) 총 14획

銀行 은행 | 예금을 받아 그 돈을 자금으로 하여 대출, 어음 거래, 증권의 인수 따위를 업무로 하는 금융 기관. (行 다닐 행)
水銀 수은 | 상온에서 유일하게 액체 상태로 있는 은백색의 금속 원소. (水 물 수)

音
소리 음

丶 亠 立 产 立 音 音 音

부수: 音(소리음) 총 9획

短音 단음 | 짧게 나는 소리. 짧은소리. (短 짧을 단)
音聲 음성 | ① 사람의 목소리나 말소리. ② 발음기관을 통해 내는 구체적이고 물리적인 소리. (聲 소리 성)

飮
마실 음

丿 𠂉 𠂊 𠂋 𠂌 全 食 食 食ⁱ 飮 飮 飮

부수: 食(밥식변) 총 13획

飮食 음식 | 사람이 먹을 수 있도록 만든, 밥이나 국 따위의 물건. (食 밥 식)
飮料 음료 | 사람이 마실 수 있도록 만든 액체를 통틀어 이르는 말. (料 헤아릴 료)

邑
고을 읍

丶 口 口 므 므 邑 邑

부수: 邑(고을읍) 총 7획

邑內 읍내 | 읍의 구역 안. (內 안 내)
邑圖 읍도 | 한 읍의 지도(地圖). (圖 그림 도)
邑民 읍민 | 읍내(邑內)에 사는 사람. (民 백성 민)

意
뜻 의

丶 亠 立 产 立 音 音 音 意 意 意

부수: 心(마음심) 총 13획

意見 의견 | 어떤 대상에 대하여 가지는 생각. (見 볼 견)
意味 의미 | ① 말이나 글의 뜻. ② 행위나 현상(現狀)이 지닌 뜻. ③ 사물이나 현상의 가치. (味 맛 미)

醫	一 ア 工 歹 歹 医 医 医 殴 殴 殴 殴 殴 醫	부수: 酉(닭유) 총 18획

의원 의

醫師 의사 | 일정한 자격을 가지고 병(病)을 고치는 것을 직업으로 하는 사람. (師 스승 사)
名醫 명의 | 병을 잘 고쳐 이름난 의원이나 의사. (名 이름 명)

衣	` 亠 ナ 才 衣 衣	부수: 衣(옷의) 총 6획

옷 의

衣服 의복 | 옷. 몸을 싸서 가리거나 보호하기 위하여 피륙 따위로 만들어 입는 물건. (服 옷 복)
衣食住 의식주 | 옷과 음식과 집을 통틀어 이르는 말. 인간 생활의 세 가지 기본 요소. (食 밥 식) (住 살 주)

二	一 二	부수: 二(두이) 총 2획

두 이

無二 무이 | 오직 하나뿐이고 둘 이상은 없음. (無 없을 무)
二重 이중 | 두 겹, 중복(重複). (重 무게 중)
二十 이십 | 스물. (十 열 십)

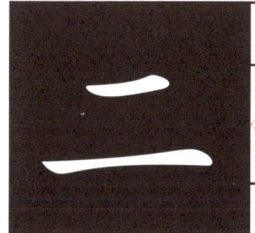

以	ㅣ ㄴ レ 以 以	부수: 人(사람인) 총 5획

써 이

以內 이내 | 일정(一定)한 범위(範圍)의 안. 시간(時間)과 공간(空間)에 다 쓰임. (內 안 내)
以上 이상 | 위치(位置)나 차례(次例)로 보아 어느 기준(基準)보다 위. (上 윗 상)

耳	一 丅 丅 F 耳 耳	부수: 耳(귀이) 총 6획

귀 이

耳力 이력 | 귀로 소리를 듣는 힘. 청력(聽力). (力 힘 력)
耳鳴 이명 | 몸 밖에 음원(音源)이 없는데도 잡음이 들리는 병적인 상태. (鳴 울 명)
耳目 이목 | 귀와 눈을 아울러 이르는 말. (目 눈 목)

耳目口鼻 이목구비 | 귀, 눈, 입, 코를 아울러 이르는 말. 또는 귀, 눈, 입, 코를 중심(中心)으로 한 얼굴의 생김새. 耳 귀 이 | 目 눈 목 | 口 입 구 | 鼻 코 비

人 사람 인

부수: 人(사람인) 총 2획

ノ 人

- 人事 인사 | 안부(安否)를 묻거나 공경(恭敬)의 뜻을 표(表)하는 일. (事 일 사)
- 人生 인생 | ①사람이 세상을 살아가는 일. ②사람이 살아 있는 기간. (生 날 생)
- 個人 개인 | 한 사람 한 사람. (個 낱 개)

因 인할 인

부수: 囗(큰입구몸) 총 6획

丨 冂 冃 因 因 因

- 因果 인과 | 원인(原因)과 결과(結果)를 아울러 이르는 말. (果 실과 과/열매 과)
- 因數 인수 | 정수 또는 정식을 몇 개의 곱의 꼴로 하였을 때 그것의 각 구성 요소를 이르는 말. (數 셈 수)

一 한 일

부수: 一(한일) 총 1획

一

- 一家 일가 | 한집안. 한 가족. (家 집 가)
- 一年 일년 | 한 해. (年 해 년)
- 一時 일시 | ①잠깐 동안. ②같은 때. ③어느 한 시기의 짧은 동안에. (時 때 시)

日 해 일

부수: 日(날일) 총 4획

丨 冂 日 日

- 日記 일기 | 날마다 규칙적으로 하루의 일을 되돌아보면서, 그 날 있었던 일이나 자기(自己)의 생각이나 느낌 따위를 솔직(率直)하게 적는 글. (記 기록 기)
- 日程 일정 | 일정한 기간 동안 해야 할 일의 계획을 날짜별로 짜 놓은 것. (程 한도 정)

任 맡길 임

부수: 亻(사람인변) 총 6획

ノ 亻 亻 仁 任 任

- 任期 임기 | 임무(任務)를 맡아보는 일정(一定)한 기한(期限). (期 기약할 기)
- 任命 임명 | 일정한 지위나 임무를 남에게 맡김. (命 목숨 명)
- 任務 임무 | 맡은 일. 또는 맡겨진 일. (務 힘쓸 무)

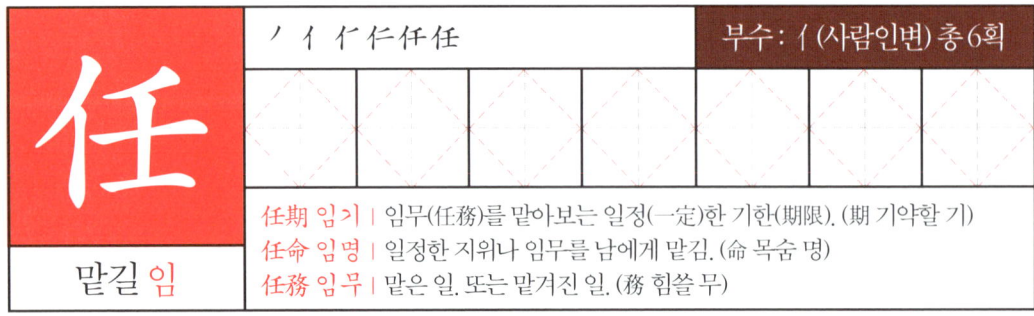

任賢勿貳 임현물이 현자(賢者)에게 일을 맡김에 두 마음을 갖지 말라는 뜻으로, 한 번 맡긴 이상 끝까지 밀어주라는 말. 任 맡길 임 | 賢 어질 현 | 勿 말 물 | 貳 두 이

| 들 입 | ノ 入 | 부수: 入(들입) 총 2획 |

入庫 입고 | 물건(物件), 자동차(自動車)를 창고(倉庫)에 넣음. (庫 곳집 고)
入社 입사 | 회사(會社)에 취직(就職)하여 들어감. (社 모일 사)
入學 입학 | 학교(學校)에 들어감. (學 배울 학)

| 스스로 자 | ′ 丨 冂 凢 自 自 | 부수: 自(스스로자) 총 6획 |

自慢 자만 | 자신이나 자신과 관련 있는 것을 스스로 자랑하며 뽐냄. (慢 거만할 만)
自身 자신 | 그 사람의 몸, 또는 바로 그 사람을 이르는 말. (身 몸 신)
自習 자습 | 혼자의 힘으로 배워서 익힘. (習 익힐 습)

| 아들 자 | 一 了 子 | 부수: 子(아들자) 총 3획 |

童子 동자 | ① 남자아이. ② 승려가 되려고 절에서 공부하면서 아직 출가하지 아니한 사내아이. (童 아이 동)
子息 자식 | 부모가 낳은 아이를, 그 부모에 상대하여 이르는 말. (息 쉴 식)

| 글자 자 | ′ ′ 宀 宁 字 字 | 부수: 子(아들자) 총 6획 |

字音 자음 | 글자의 음. 흔히 한자의 음을 말함. (音 소리 음)
漢字 한자 | 중국어를 표기하는 문자(文字). 표의적(表意的) 음절(音節) 문자로 우리나라나 일본(日本) 등에서도 널리 쓰이고 있음. (漢 나라 한)

| 놈 자 | 一 + 土 耂 耂 耂 者 者 者 | 부수: 耂(늙을로엄) 총 9획 |

記者 기자 | 신문, 잡지, 방송 따위에 실을 기사를 취재하여 쓰거나 편집하는 사람. (記 기록할 기)
富者 부자 | 재물이 많아 살림이 넉넉한 사람. (富 부유할 부)

位卑言高 위비언고   낮은 지위(地位)에 있으면서 윗사람의 정치(政治)를 이렇다 저렇다 비평(批評)함. 位 자리 위 | 卑 낮을 비 | 言 말씀 언 | 高 높을 고

昨 — 어제 작

획순: 丨 冂 日 日 日' 旷 昨 昨 昨
부수: 日(날 일) 총 9획

- 昨今 작금 | ① 어제와 오늘. ② 요즈음. ③ 요사이. (今 이제 금)
- 昨年 작년 | 지난해. (年 해 년)
- 昨春 작춘 | 지난봄. (春 봄 춘)

作 — 지을 작

획순: 丿 亻 亻' 仁 作 作 作
부수: 亻(사람인변) 총 7획

- 作業 작업 | ① 일을 함. 또는 그 일. ② 일정한 목적과 계획(計劃) 아래 하는 일. (業 업 업)
- 作用 작용 | 어떠한 현상을 일으키거나 영향을 미침. (用 쓸 용)

長 — 길 장

획순: 丨 丆 匚 트 트 長 長 長
부수: 長(길 장) 총 8획

- 長男 장남 | 맏아들. (男 사내 남)
- 長壽 장수 | ① 오래도록 삶. ② 목숨이 긺. (壽 목숨 수)
- 長點 장점 | 좋거나 잘하거나 긍정적인 점. (點 점 점)

場 — 마당 장

획순: 一 十 土 土' 圹 圻 坍 坭 場 場 場 場
부수: 土(흙 토) 총 12획

- 場所 장소 | 어떤 일이 이루어지거나 일어나는 곳. (所 바 소)
- 場面 장면 | ① 어떤 장소에서 겉으로 드러난 면이나 벌어진 광경. ② 영화나 연극 등의 한 정경. (面 낯 면)

章 — 글 장

획순: 丶 二 立 产 音 音 音 音 章
부수: 立(설 립) 총 11획

- 圖章 도장 | 일정한 표적으로 삼기 위하여 개인, 단체, 관직 따위의 이름을 나무, 뼈, 뿔, 수정, 돌, 금 따위에 새겨 문서에 찍도록 만든 물건. (圖 그림 도)
- 文章 문장 | 생각과 감정을 말과 글로 표현할 때 완결된 내용을 나타내는 최소단위. (文 글월 문)

府部院廳 부부원청 서울의 각 관아(官衙)를 통틀어 이르던 말. 府 마을 부 | 部 떼 부/거느릴 부 | 院 집 원 | 廳 관청 청

才 재주 재

一十才

부수: 扌(재방변) 총 3획

才能 재능 | 어떤 일을 하는 데 필요한 재주와 능력. 개인이 타고난 능력과 훈련에 의하여 획득된 능력을 아울러 이름. (能 능할 능)
人才 인재 | 재주가 아주 뛰어난 사람. (人 사람 인)

在 있을 재

一ナ才右在在

부수: 土(흙토) 총 6획

不在 부재 | 그곳에 있지 아니함. (不 아닐 부)
所在 소재 | 어떤 곳에 있음. 또는 있는 곳. (所 바 소)
在庫 재고 | 창고(倉庫)에 쌓아둔 물건(物件). (庫 곳집 고)

財 재물 재

丨冂目貝貝貝財財

부수: 貝(조개패) 총 10획

財閥 재벌 | ① 재계(財界)에서 세력(勢力) 있는 자본가(資本家), 기업가(企業家)의 일단. ② 대자본가(大資本家)의 일가(一家)나 일족으로 된 투자(投資) 기구(機構). (閥 문벌 벌)

材 재목 재

一十才木村材材

부수: 木(나무목) 총 7획

材料 재료 | ① 물건(物件)을 만드는 데 드는 원료(原料). ② 어떤 일을 하기 위한 거리. (料 헤아릴 료)
材質 재질 | 재목(材木)의 질(質). (質 바탕 질)

再 두 재, 다시 재

一厂厅厅再再

부수: 冂(멀경몸) 총 6획

再開 재개 | 어떤 활동이나 회의 따위를 한동안 중단했다가 다시 시작함. (開 열 개)
再考 재고 | 어떤 일이나 문제 따위에 대하여 다시 생각함. (考 생각할 고)
再修 재수 | 한 번 배웠던 과정(課程)을 다시 배움. (修 닦을 수)

財上分明 재상분명 돈 거래(去來)에 있어서 아주 분명(分明)하게 함. 財 재물 재 | 上 윗 상 | 分 나눌 분 | 明 밝을 명

災	丶 丷 巛 巜 巛 ൘ 災	부수: 火(불화) 총7획
재앙 재	災難 재난 | 뜻밖에 일어난 재앙과 고난. (難 어려울 난) 災殃 재앙 | 뜻하지 아니하게 생긴 불행한 변고(變故). 또는 천재지변(天災地變)으로 인한 불행(不幸)한 사고. (殃 재앙 앙)	

爭	⺈ ⺈ ⺈ ⺈ 乎 争 争 爭	부수: 爪(손톱조) 총8획
다툴 쟁	爭點 쟁점 | ① 서로 다투는 중요(重要)한 점(點). ② 소송 당사자 사이에 쟁송(爭訟)의 중심이 되는 내용. (點 점 점) 爭取 쟁취 | 힘들게 싸워서 바라던 바를 얻음. (取 가질 취)	

貯	丨 冂 冃 貝 貝 貯 貯 貯	부수: 貝(조개패) 총12획
쌓을 저	貯金 저금 | ① 돈을 모아 둠. 또는 그 돈. ② 돈을 금융기관(金融機關)에 맡기어 모음. (金 쇠 금) 貯水 저수 | 물을 인공적으로 모음. 또는 그 물. (水 물 수)	

赤	一 十 土 ナ 赤 赤 赤	부수: 赤(붉을적) 총7획
붉을 적	赤色 적색 | ① 붉은빛. ② 공산주의(共産主義)나 사회주의를 상징(象徵)하는 빛깔. (色 빛 색) 赤字 적자 | 지출(支出)이 수입(收入)보다 많아서 생기는 결손액. (字 글자 자)	

的	⺈ ⺈ 白 白 白 的 的	부수: 白(흰백) 총8획
과녁 적	的中 적중 | ① 화살 따위가 목표물(目標物)에 맞음. ② 예상이나 추측 또는 목표 따위에 꼭 들어맞음. (中 가운데 중) 的知 적지 | 제대로 확실하게 앎. (知 알 지)	

電 번개 전

一 厂 戶 币 币 乘 乘 雷 雷 雷 電

부수: 雨(비 우) 총 13획

原電 원전 | 원자력(原子力) 발전(發電). 원자력(原子力) 발전소(發電所). (原 근원 원, 언덕 원)
電話 전화 | 전화기(電話機)를 이용(利用)하여 서로 이야기를 주고받음. (話 말씀 화)

全 온전할 전

丿 入 소 수 全 全

부수: 入(들 입) 총 6획

全體 전체 | 온몸. 전신(全身). 전부(全部). 개개 또는 부분의 집합으로 구성된 것을 몰아서 하나의 대상으로 삼는 경우에 바로 그 대상. (體 몸 체)
安全 안전 | 편안하여 탈이나 위험성이 없음. 또는 그런 상태. (安 편안 안)

前 앞 전

丶 丷 广 广 前 前 前 前 前

부수: 刂(선칼도방) 총 9획

事前 사전 | 어떤 일을 시작(始作)하거나 실행(實行)하기 전, 또는 일이 일어나기 전(前). (事 일 사)
前後 전후 | 앞과 뒤. 먼저와 나중. (後 뒤 후)

戰 싸움 전

丶 丷 吅 吅 吅 吅 罒 單 單 單 單 戰 戰 戰

부수: 戈(창 과) 총 16획

戰力 전력 | 전류가 단위 시간에 하는 일 또는 단위 시간에 사용되는 에너지 양. (力 힘 력)
作戰 작전 | ① 어떤 일을 이루기 위하여 필요한 조치나 방법을 강구함. ② 군사적 목적을 이루기 위하여 행하는 전투. (作 지을 작)

典 법 전

丨 冂 日 曲 曲 典 典 典

부수: 八(여덟 팔) 총 8획

典當 전당 | 물품(物品)을 담보(擔保)로 돈을 융통(融通)하는 일. (當 마땅 당)
典型 전형 | ① 기준이 되는 형. ② 같은 부류의 특징을 가장 잘 나타내고 있는 본보기. (型 모형 형)

金石之典 금석지전 쇠나 돌처럼 변함없는 가치를 지닌 법전(法典). 金 쇠 금 | 石 돌 석 | 之 갈 지 | 典 법 전

⁻ 尸 尸 尸 屈 屈 屈 展 展

부수: 尸(주검시엄) 총 10획

펼 전

展示 전시 | ① 여러 가지 물건을 한곳에 벌여 놓고 보임. ② 책, 편지 따위를 펼쳐서 봄. (示 보일 시)
進展 진전 | 일이 진행(進行)되어 발전(發展)함. (進 나아갈 진)

亻 亻 亻 仨 俥 傳 傳 傳

부수: 亻(사람인변) 총 13획

전할 전

傳記 전기 | 한 사람의 일생 동안의 행적을 적은 기록(記錄). (記 기록할 기)
傳導 전도 | 전하여 인도함. 열 또는 전기가 물체의 한 부분에서 다른 부분으로 옮아 감. (導 인도할 도)

⺮ ⺮⺮ 笞 笞 笞 節 節

부수: 竹(대죽) 총 15획

마디 절

節減 절감 | 아끼어 줄임. (減 덜 감)
節約 절약 | 함부로 쓰지 아니하고 꼭 필요한 데에만 써서 아낌. (約 맺을 약)
節次 절차 | 일을 치르는 데 거쳐야 하는 순서(順序)나 방법(方法). (次 버금 차)

一 七 切 切

부수: 刀(칼도) 총 4획

끊을 절, 온통 체

切開 절개 | 째거나 갈라서 벌림. (開 열 개)
切迫 절박 | 어떤 일이나 때가 가까이 닥쳐서 몹시 급(急)함. (迫 핍박할 박)
切親 절친 | 아주 친근(親近)함. (親 친할 친)

⼀ 广 广 庐 店 店 店 店

부수: 广(엄호) 총 8획

가게 점

店名 점명 | 상점(商店)이나 점포(店鋪)의 이름. (名 이름 명)
店員 점원 | 상점(商店)에 고용되어 물건(物件)을 팔거나 기타의 일을 보아주고 보수(報酬)를 받는 사람. (員 인원 원)

切齒腐心 절치부심 이를 갈고 마음을 썩이다는 뜻으로, 대단히 분(憤)하게 여기고 마음을 썩임. 切끊을 절 | 齒이 치 | 腐썩을 부 | 心마음 심

正 바를 정	一 丁 下 正 正	부수: 止(그칠지) 총 5획
	正直 정직 | 거짓이나 꾸밈이 없이 성품(性品)이 바르고 곧음. (直 곧을 직) 正確 정확 | 어떤 기준(基準)이나 사실(事實)에 잘못됨이나 어긋남이 없이 바르게 맞는 상태(狀態)에 있는 것. (確 굳을 확)	

庭 뜰 정	丶 一 广 广 广 庄 庄 庭 庭	부수: 广(엄호) 총 10획
	庭園 정원 | 집 안에 있는 뜰이나 꽃밭. (園 동산 원) 家庭 가정 | 부부를 중심으로 그 부모나 자녀를 포함한 집단과 그들이 살아가는 물리적 공간인 집을 포함한 생활 공동체를 통틀어 이르는 말. (家 집 가)	

定 정할 정	丶 丶 宀 宀 宀 宇 宇 定 定	부수: 宀(갓머리) 총 8획
	定立 정립 | ① 정하여 세움. ② 전체에서 특정한 면이나 일정한 내용을 추출하여 고정하는 일. (立 설 립) 國定 국정 | 나라에서 정함. 또는 그런 것. (國 나라 국)	

停 머물 정	丿 亻 广 仨 佇 佇 停	부수: 亻(사람인변) 총 11획
	停止 정지 | 움직이고 있던 것이 멎거나 그침. 또는 중도(中途)에서 멈춤. (止 거칠 지) 停滯 정체 | 사물(事物)이 발전하거나 나아가지 못하고 한자리에 머물러 그침. (滯 막힐 체)	

情 뜻 정	丶 丶 忄 忄 忄 情 情	부수: 忄(심방변) 총 11획
	情緖 정서 | 사람의 마음에 일어나는 여러 가지 감정. 또는 감정(感情)을 불러일으키는 기분(氣分)이나 분위기(雰圍氣). (緖 실마리 서) 情勢 정세 | 일이 되어 가는 형편. (勢 형세 세)	

多情多感 다정다감　정이 많고 느낌이 많다는 뜻으로, 생각과 느낌이 섬세(纖細)하고 풍부함을 이르는 말. 多 많을 다 | 情 뜻 정 | 多 많을 다 | 感 느낄 감

弟 아우 제	` ヽ ヾ ゞ ゠ 弓 弟 弟 `	부수: 弓(활궁) 총 7획
	子弟 자제 | ①남을 높여 그의 아들을 이르는 말. ②남을 높여 그 집안의 젊은이를 이르는 말. (子 아들 자) 弟子 제자 | 스승으로부터 가르침을 받는 사람. (子 아들 자)	

第 차례 제	` ノ ⺊ ⺊ ⺮ ⺮ ⺮ 笁 笁 筸 第 第 `	부수: 竹(대죽) 총 11획
	及第 급제 | ①과거(科擧)에 합격(合格)함. ②시험(試驗), 검사(檢査)에 합격(合格)함. (及 미칠 급) 第一 제일 | ①여럿 가운데서 첫째가는 것. ②여럿 가운데 가장. (一 한 일)	

題 제목 제	` 丨 口 日 旦 早 旲 是 是 是 題 題 題 題 `	부수: 頁(머리혈) 총 18획
	題目 제목 | 작품이나 강연, 보고를 대표하거나 내용을 보이기 위해 붙이는 이름. (目 눈목) 問題 문제 | ①해답을 요구하는 물음. ②논쟁, 논의, 연구 따위의 대상이 되는 것. ③해결하기 어렵거나 난처한 대상. 또는 그런 일. (問 물을 문)	

祖 조상 조	` 一 二 亍 亍 示 示 利 和 祖 祖 `	부수: 示(보일시변) 총 10획
	祖上 조상 | 한 집안이나 한 민족(民族)의 옛 어른들. (上 위 상) 祖國 조국 | 조상(祖上) 적부터 살던 나라. 자기(自己)의 국적이 속하여 있는 나라. (國 나라 국)	

朝 아침 조	` 一 十 ⺾ 古 古 甴 直 卓 朝 朝 朝 `	부수: 月(달월) 총 12획
	朝餐 조찬 | 손님을 초대(招待)하여 함께 하는 아침 식사(食事). (餐 밥 찬) 王朝 왕조 | 같은 왕가에 속하는 통치자의 계열. 또는 그 왕가가 다스리는 시대. (王 임금 왕)	

調	亠 言 言 訓 訓 調 調	부수 : 言(말씀언) 총 15획
고를 조	調査 조사 | 사물(事物)의 내용(內容)을 명확히 알기 위하여 자세(仔細)히 살펴봄. (査 조사할 사) 調和 조화 | 서로 잘 어울림. (和 화할 화)	

操	扌 扌 扩 押 押 押 操	부수 : 扌(재방변) 총 16획
잡을 조	操身 조신 | 몸가짐을 조심함. (身 몸 신) 操作 조작 | ① 기계(機械) 따위를 일정한 방식에 따라 다루어 움직임. ② 작업 따위를 잘 처리하여 행함. (作 지을 작)	

足	丨 口 口 므 므 足 足	부수 : 足(발족) 총 7획
발 족	滿足 만족 | 마음에 모자람이 없어 흐뭇함. (滿 찰 만) 手足 수족 | ① 손과 발. ② 자기 손발과 같이 마음대로 부리는 사람. (手 손 수) 洽足 흡족 | 아주 넉넉함, 두루 퍼져서 조금도 모자람이 없음. (洽 흡족할 흡)	

族	丶 亠 方 方 方 扩 扩 族 族 族	부수 : 方(모방) 총 11획
겨레 족	家族 가족 | 주로 부부를 중심으로 한 친족관계 사람들의 집단. 또는 구성원. (家 집 가) 民族 민족 | 일정한 지역에서 오랜 세월 동안 공동생활을 하면서 언어와 문화상의 공통성에 기초하여 역사적으로 형성된 사회 집단. (民 백성 민)	

卒	亠 广 亡 亣 夾 坖 卒	부수 : 十(열십) 총 8획
마칠 졸	卒倒 졸도 | 심한 충격(衝擊)이나 피로(疲勞) 따위로 정신(精神)을 잃음. (倒 넘어질 도) 卒兵 졸병 | 지위(地位)가 낮은 병사(兵士). (兵 병사 병) 卒業 졸업 | 일정(一定)한 규정(規定)이 있는 학업(學業)을 마침. (業 일 업)	

烏合之卒 오합지졸   까마귀가 모인 것 같은 무리라는 뜻으로, 질서(秩序) 없이 어중이떠중이가 모인 군중(群衆) 또는 제각기 보잘것없는 수많은 사람. 烏 까마귀 오 | 合 합할 합 | 之 갈 지 | 卒 마칠 졸

終 마칠 종

`' ㄠ ㅊ 糸 紗 終 終`

부수: 糸(실사변) 총 11획

- 終決 종결 | 결정(決定)을 내림. (決 결단할 결)
- 終結 종결 | 일을 끝냄. (結 맺을 결)
- 終了 종료 | 일을 마침. (了 마칠 료)

種 씨 종

`' 二 千 禾 禾 利 利 稻 稻 種 種`

부수: 禾(벼화) 총 14획

- 種根 종근 | 최초로 형성된 뿌리. (根 뿌리 근)
- 種別 종별 | 종류(種類)에 따라 구별(區別)함. 또는 그런 구별. (別 나눌 별)
- 種類 종류 | 사물의 부문(部門)을 나누는 갈래. (類 무리 류)

左 왼 좌

`一 ナ 左 左 左`

부수: 工(장인공) 총 5획

- 左邊 좌변 | ①두 편 중 왼쪽. ②등식이나 부등식에서 등호 또는 부등호 왼쪽에 적은 수나 식. (邊 가 변)
- 左右 좌우 | 왼쪽과 오른쪽을 아울러 이르는 말. (右 오른쪽 우)

罪 허물 죄

`ㅁ ㅁㅁ ㅁㅁ ㅁㅁ 罪 罪 罪`

부수: 罒(그물망머리) 총 13획

- 罪惡 죄악 | 죄가 될 만한 나쁜 짓. (惡 악할 악)
- 罪人 죄인 | ①죄(罪)를 지은 사람. ②부모상(父母喪)을 당(當)한 사람이 스스로를 남에게 이르는 말. (人 사람 인)

主 주인 주

`丶 ㄴ 二 キ 主`

부수: 丶(점주) 총 5획

- 主婦 주부 | 한 가정의 살림살이를 맡아 꾸려 가는 안주인. (婦 아내 부)
- 主張 주장 | 자기(自己) 의견(意見)을 굳이 내세움. (張 베풀 장)
- 主題 주제 | ①주된 제목(題目). ②대화나 연구 따위에서 중심이 되는 문제. (題 제목 제)

住 살 주

ノ イ イ´ 仁 仨 住 住

부수: 亻(사람인변) 총 7획

住所 주소 | 사는 곳. (所 바 소)
住宅 주택 | ① 살림살이를 할 수 있도록 지은 집. ② 사람이 살 수 있도록 지은 집. (宅 집 택)

注 부을 주

丶 丶 氵 汁 注 注 注

부수: 氵(삼수변) 총 8획

注目 주목 | ① 관심을 가지고 주의 깊게 살핌. 또는 그 시선. ② 조심하고 경계하는 눈으로 살핌. 또는 그 시선. (目 눈 목)
注意 주의 | 마음에 새겨 두고 조심함. (意 뜻 의)

晝 낮 주

フ 그 ㅋ 글 聿 書 書 書 書 晝

부수: 日(날일) 총 11획

晝間 주간 | 먼동이 터서 해가 지기 전까지의 동안. 낮. (間 사이 간)
晝夜 주야 | ① 낮과 밤. ② 밤낮. (夜 밤 야)
晝食 주식 | 점심밥. 점심으로 먹는 밥. (食 밥 식)

州 고을 주

丶 丿 丿 州 州 州

부수: 巛(개미허리) 총 6획

州郡 주군 | 주(州)와 군(郡)을 아울러 이르는 말. (郡 고을 군)
州俗 주속 | 한 지방(地方)의 풍속(風俗). (俗 풍속 속)
濟州 제주 | ① 제주시(濟州市). ② 제주도(濟州道). (濟 건널 제)

週 돌 주

几 月 円 用 周 週 週

부수: 辶(책받침) 총 11획

週刊 주간 | 한 주일(週日)마다의 발간(發刊). 또는 그 간행물(刊行物). (刊 새길 간)
週末 주말 | 한 주일(週日)의 끝. 곧, 토요일(土曜日) 또는 토요일(土曜日)과 일요일(日曜日). (末 끝 말)

週期律表 주기율표 원소(元素) 주기율표(週期律表), 週 돌 주 | 期 기약할 기 | 律 법칙 율(률) | 表 겉 표

中 가운데 중	ㅣㅁㅁ中	부수: ㅣ(뚫을곤) 총 4획
	中心 중심 | 한가운데, 복판, 중요(重要)하고 기본(基本)이 되는 부분(部分). (心 마음 심) 心中 심중 | 마음속. (心 마음 심)	

重 무거울 중	ㅡ ㅜ 千 千 千 重 重 重	부수: 里(마을리) 총 9획
	尊重 존중 | 높이고 중(重)히 여김. (尊 높을 존) 重力 중력 | 지구(地球) 위의 물체가 지구로부터 받는 힘. (力 힘 력) 重要 중요 | 매우 귀중(貴重)하고 소중(所重)함. (要 요긴할 요)	

紙 종이 지	ㄴ ㄴ ㄠ 幺 糸 糸 紅 紅 紙 紙	부수: 糸(실사변) 총 10획
	休紙 휴지 | 못쓰게 된 종이. 밑씻개나 코를 풀거나 하는 데 쓰는 종이. (休 쉴 휴) 便紙 편지 | 소식(消息)을 서로 알리거나 용건(用件)을 적어 보내는 글, 또는 그리하는 일. (便 편할 편)	

地 땅 지	一 十 土 圠 地 地	부수: 土(흙토) 총 6획
	地球 지구 | ① 인류(人類)가 살고 있는 천체(天體). ② 태양에서 셋째로 가까운 행성. (球 공 구) 地位 지위 | 개인(個人)이 차지하는 사회적(社會的) 위치(位置). (位 자리 위)	

知 알 지	ㅡ ㄴ 느 矢 矢 知 知 知	부수: 矢(화살시) 총 8획
	知能 지능 | ① 두뇌의 작용(作用). ② 지혜(知慧)와 재능(才能)을 통틀어 이르는 말. (能 능할 능) 知德 지덕 | 지식(知識)과 도덕(道德)을 아울러 이르는 말. (德 큰 덕)	

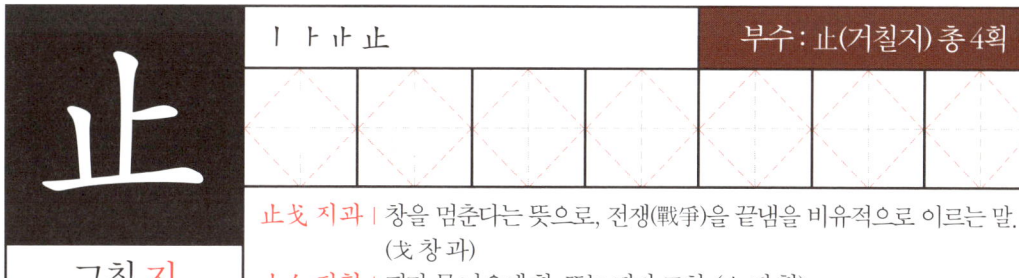

止 그칠 지 — 부수: 止(거칠지) 총 4획
- 止戈 지과 | 창을 멈춘다는 뜻으로, 전쟁(戰爭)을 끝냄을 비유적으로 이르는 말. (戈 창 과)
- 止血 지혈 | 피가 못 나오게 함. 또는 피가 그침. (血 피 혈)

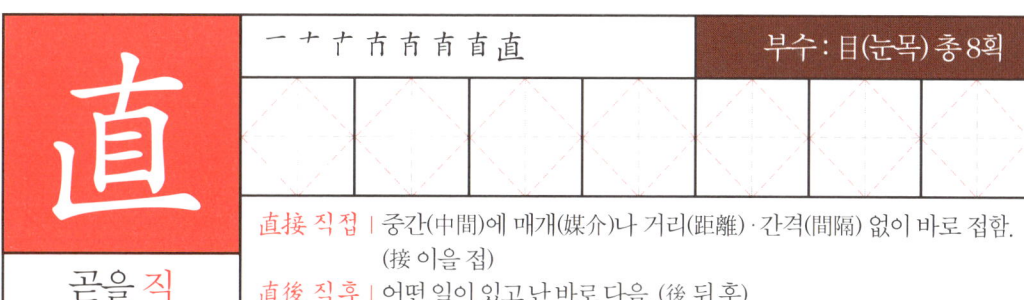

直 곧을 직 — 부수: 目(눈목) 총 8획
- 直接 직접 | 중간(中間)에 매개(媒介)나 거리(距離)·간격(間隔) 없이 바로 접함. (接 이을 접)
- 直後 직후 | 어떤 일이 있고 난 바로 다음. (後 뒤 후)

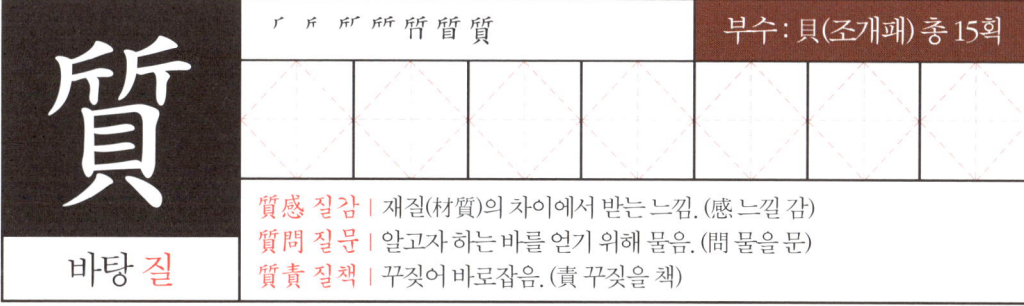

質 바탕 질 — 부수: 貝(조개패) 총 15획
- 質感 질감 | 재질(材質)의 차이에서 받는 느낌. (感 느낄 감)
- 質問 질문 | 알고자 하는 바를 얻기 위해 물음. (問 물을 문)
- 質責 질책 | 꾸짖어 바로잡음. (責 꾸짖을 책)

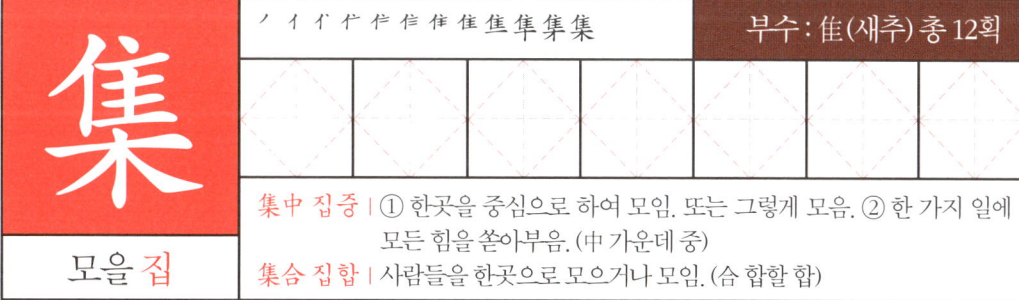

集 모을 집 — 부수: 隹(새추) 총 12획
- 集中 집중 | ① 한곳을 중심으로 하여 모임. 또는 그렇게 모음. ② 한 가지 일에 모든 힘을 쏟아부음. (中 가운데 중)
- 集合 집합 | 사람들을 한곳으로 모으거나 모임. (合 합할 합)

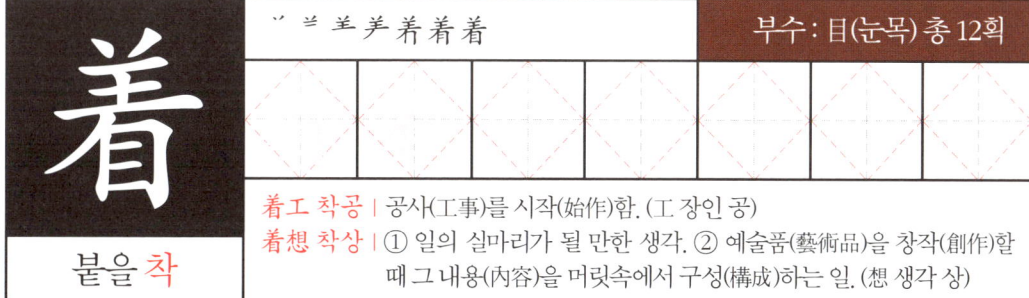

着 붙을 착 — 부수: 目(눈목) 총 12획
- 着工 착공 | 공사(工事)를 시작(始作)함. (工 장인 공)
- 着想 착상 | ① 일의 실마리가 될 만한 생각. ② 예술품(藝術品)을 창작(創作)할 때 그 내용(內容)을 머릿속에서 구성(構成)하는 일. (想 생각 상)

自家撞着 자가당착 같은 사람의 말이나 행동이 앞뒤가 서로 맞지 아니하고 모순(矛盾)됨을 이르는 말. 自 스스로 자 | 家 집 가 | 撞 칠 당 | 着 붙을 착

参 참여할 참, 석 삼	` ㄥ ㅗ 厽 矣 矣 参 参`	부수: 厶(마늘모) 총 11획
	參加 참가 | 모임이나 단체(團體) 또는 일에 관계하여 들어감. (加 더할 가) 參考 참고 | ① 살펴서 생각함. ② 살펴서 도움이 될 만한 자료(資料)로 삼음. (考 생각할 고)	

窓 창 창	`ㆍ 宀 宂 穴 空 空 空 窓 窓 窓`	부수: 穴(구멍혈) 총 11획
	窓口 창구 | 창을 내거나 뚫어 놓은 곳. 단체나 기관 등에서 서로 협조하거나 외부 사람과 직접 접촉하기 위하여 마련하여 놓은 연락 부서를 비유적으로 이르는 말. (口 입 구)	

唱 부를 창	`丨 ㅁ ㅁ' 吅 唱 唱 唱`	부수: 口(입구) 총 11획
	唱歌 창가 | 곡조(曲調)에 맞추어 노래를 부름. 또는 그 노래. (歌 노래 가) 唱劇 창극 | 전통적인 판소리나 그 형식을 빌려 만든 가극(歌劇). (劇 심할 극) 唱法 창법 | 노래를 부르는 방법(方法). (法 법 법)	

責 꾸짖을 책	`ㅡ + 主 青 青 責 責`	부수: 貝(조개패) 총 11획
	責望 책망 | 잘못을 꾸짖거나 나무라며 못마땅하게 여김. (望 바랄 망) 責務 책무 | 직무에 따른 책임이나 임무(任務). (務 힘쓸 무) 責任 책임 | 맡아서 해야 할 임무(任務)나 의무. (任 맡길 임)	

川 내 천	`丿 丿 川`	부수: 巛(개미허리) 총 3획
	開川 개천 | 개골창 물이 흘러나가도록 골이 지게 길게 판 내. (開 열 개) 大川 대천 | 큰 내. 또는 이름난 내. (大 클 대, 큰 대) 河川 하천 | 강과 시내. (河 하천 하)	

情狀參酌 정상참작 재판관(裁判官)이 범죄(犯罪)의 사정(事情)을 헤아려서 형벌(刑罰)을 가볍게 하는 일. 情 뜻 정 | 狀 형상 상 | 參 참여할 참 | 酌 술 부을 작/잔질할 작

千	ノ 二 千	부수: 十(열십) 총 3획
일천 천	千里 천리 | ① 십(十) 리(里)의 백 갑절. ② 썩 먼 거리(距離). ③ 멀리 떨어져 있는 거리(距離). (里 마을 리) 千年 천년 | ① 백 년의 열 갑절. ② 썩 오랜 세월(歲月). (年 해 년)	

天	一 二 チ 天	부수: 大(큰대) 총 4획
하늘 천	天地 천지 | ① 하늘과 땅. ② 우주(宇宙). (地 땅 지) 天然 천연 | ① 사람의 힘을 가(加)하지 않은 상태(狀態). ② 사람의 힘으로는 어떻게도 할 수 없는 상태(狀態). (然 그럴 연)	

鐵	ノ ト 乍 乍 全 金 金 針 鎽 鐵 鐵	부수: 金(쇠금) 총 21획
쇠 철	鐵壁 철벽 | ① 쇠로 된 것처럼 견고한 벽. ② 방비가 매우 튼튼함을 비유적으로 이르는 말. (壁 벽 벽) 鐵人 철인 | 몸이나 힘이 무쇠처럼 강(强)한 사람. (人 사람 인)	

靑	一 二 キ 主 丰 靑 靑 靑	부수: 靑(푸를청) 총 8획
푸를 청	靑山 청산 | 나무가 무성(茂盛)하여 푸른 산(山). (山 메 산) 靑春 청춘 | 십 대 후반(後半)에서 이십 대에 걸치는, 인생(人生)의 젊은 나이. (春 봄 춘)	

淸	ヽ ヽ ヽ シ ジ ア 沣 浐 淸 淸 淸	부수: 氵(삼수변) 총 11획
맑을 청	淸明 청명 | ① 날씨가 맑고 밝음. ② 소리가 맑고 밝음. ③ 형상이 깨끗하고 선명함. (明 밝을 명) 淸風 청풍 | 부드럽고 맑은 바람. (風 바람 풍)	

寸鐵殺人 촌철살인   한 치의 쇠붙이로도 사람을 죽일 수 있다는 뜻으로, 간단한 말로도 남을 감동하게 하거나 남의 약점을 찌를 수 있음을 이르는 말. 寸 마디 촌 \| 鐵 쇠 철 \| 殺 죽일 살 \| 人 사람 인

體 몸 체

ㄇ ㄇ 日 冎 冎 骨 骨 骨 骨 骨 體 體 體 體

부수: 骨(뼈골) 총 23획

- 物體 물체 | ① 구체적인 형태를 가지고 있는 것. ② 물건의 형체. (物 물건 물)
- 自體 자체 | ① 제몸. ② 그 자신(自身). ③ 사물(事物)의 본새. (自 스스로 자)
- 體驗 체험 | 몸소 경험(經驗)함. 또는 그 경험(經驗). (驗 시험 험)

草 풀 초

一 十 十 十 廾 苩 苩 苩 苩 草

부수: ++(초두머리) 총 10획

- 藥草 약초 | 약(藥)이 되는 풀. (藥 약 약)
- 草木 초목 | 풀과 나무. (木 나무 목)
- 草家 초가 | 볏짚·밀짚·갈대 등으로 지붕을 인 집. 초가집. (家 집 가)

初 처음 초

丶 ㄱ ㅜ ㅜ ネ 初 初

부수: 刀(칼도) 총 7획

- 初選 초선 | 처음으로 선출(選出)됨. (選 가릴 선)
- 初心 초심 | ① 처음에 먹은 마음. ② 어떤 일을 처음 배우는 사람. (心 마음 심)
- 初任 초임 | 처음으로 어떤 職(직)에 임명(任命)되거나 취임함. (任 맡길 임)

寸 마디 촌

一 十 寸

부수: 寸(마디촌) 총 3획

- 三寸 삼촌 | 한 자의 10분의 3, 즉 세 치, 또는 아버지의 친형제(親兄弟). (三 석 삼)
- 八寸 팔촌 | 여덟 치, 또는 삼종(三從) 형제(兄弟)되는 촌수(寸數). (八 여덟 팔)

村 마을 촌

一 十 才 木 木 村 村

부수: 木(나무목) 총 7획

- 江村 강촌 | 강가에 있는 마을. (江 강 강)
- 山村 산촌 | 산 속에 있는 마을. 산간(山間)의 마을. (山 메 산)
- 村長 촌장 | 한 마을의 일을 맡아보는 촌의 우두머리. (長 길 장)

初志一貫 초지일관 처음에 세운 뜻을 끝까지 밀고 나감. 初 처음 초 | 志 뜻 지 | 一 한 일 | 貫 꿸 관

| 最 | 一 口 日 甲 旦 昌 昂 最 最 最 | 부수: 日(가로왈) 총 12획 |

가장 최

最古 최고 | 가장 오래 됨. (古 옛 고)
最上 최상 | 높이, 수준, 등급, 정도 따위의 맨 위. (上 윗 상)
最善 최선 | ① 가장 좋음. ② 가장 적합(適合)함. ③ 전력(全力). (善 착할 선)

| 秋 | 一 二 千 禾 禾 禾 秒 秋 秋 | 부수: 禾(벼화) 총 9획 |

가을 추

秋收 추수 | 가을에 익은 곡식을 거두어들임. (收 거둘 수)
立秋 입추 | 24절기(節氣)의 열셋째. 대서와 처서 사이에 드는 데, 양력(陽曆) 8월 8일이나 9일이 되며 이때부터 가을이 시작(始作)됨. (立 설 입)

| 祝 | 一 二 亓 禾 礻 礻 祀 祀 祝 | 부수: 示(보일시변) 총 9획 |

빌 축

祝歌 축가 | 축하(祝賀)의 뜻을 담은 노래. (歌 노래 가)
祝福 축복 | 행복을 빎. 또는 그 행복(幸福). (福 복 복)
祝賀 축하 | 기뻐하고 즐겁다는 뜻으로 인사(人事)함. (賀 하례할 하)

| 春 | 一 二 三 声 夫 未 春 春 春 | 부수: 日(날일) 총 9획 |

봄 춘

春秋 춘추 | ① 봄과 가을. ② 어른의 나이에 대한 존칭(尊稱). ③ 춘추(春秋) 시대의 줄임. ④ 공자(孔子)가 엮은 것으로 오경(五經)의 하나. (秋 가을 추)
春分 춘분 | 24절기의 넷째. 경칩과 청명 사이로 양력 3월 21일 경. (分 나눌 분)

| 出 | 丨 屮 屮 出 出 | 부수: 凵(위튼입구몸) 총 5획 |

날 출

出發 출발 | 목적지(目的地)를 향하여 나아감. 또는 어떤 일을 시작(始作)함. 또는 그 시작(始作). (發 필 발)
脫出 탈출 | 어떤 상황이나 구속 따위에서 빠져나옴. (脫 벗을 탈)

最後一刻 최후일각 마지막 순간(瞬間). 最 가장 최 | 後 뒤 후 | 一 한 일 | 刻 새길 각

| 充 채울 충 | `丶 亠 云 云 产 充` | 부수: 儿(어진사람인발) 총 6획 |

- 充當 충당 | 모자라는 것을 채워 메움. (當 마땅 당)
- 充滿 충만 | 한껏 차서 가득함. (滿 찰 만)
- 充分 충분 | 분량(分量)이 적적(寂寂)하여 모자람이 없음. (分 나눌 분)

| 致 이를 치 | `一 乙 互 至 到 致 致 致` | 부수: 至(이를지) 총 10획 |

- 致命 치명 | 죽을 지경(地境)에 이름. (命 목숨 명)
- 致富 치부 | 재물(財物)을 모아 부자(富者)가 됨. (富 부유할 부)
- 一致 일치 | 어긋남이 없이 한결같게 서로 맞음, 한결같음. (一 한 일)

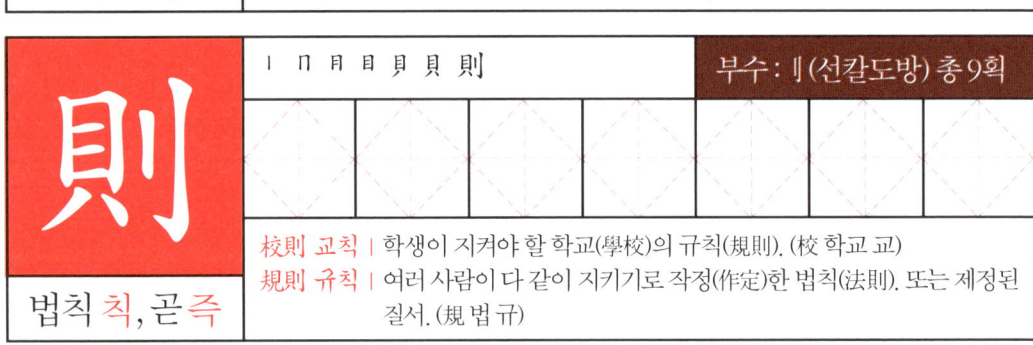

| 則 법칙 칙, 곧 즉 | `丨 冂 月 目 貝 貝 則` | 부수: 刂(선칼도방) 총 9획 |

- 校則 교칙 | 학생이 지켜야 할 학교(學校)의 규칙(規則). (校 학교 교)
- 規則 규칙 | 여러 사람이 다 같이 지키기로 작정(作定)한 법칙(法則). 또는 제정된 질서. (規 법 규)

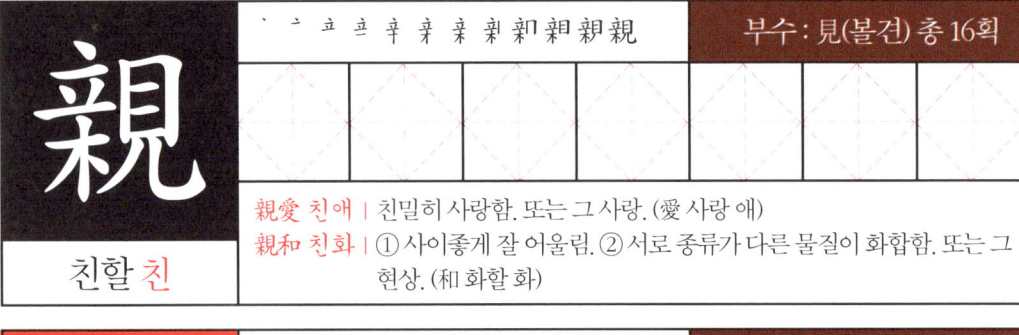

| 親 친할 친 | `丶 亠 立 辛 辛 亲 亲 亲 親 親 親 親` | 부수: 見(볼견) 총 16획 |

- 親愛 친애 | 친밀히 사랑함. 또는 그 사랑. (愛 사랑 애)
- 親和 친화 | ①사이좋게 잘 어울림. ②서로 종류가 다른 물질이 화합함. 또는 그 현상. (和 화할 화)

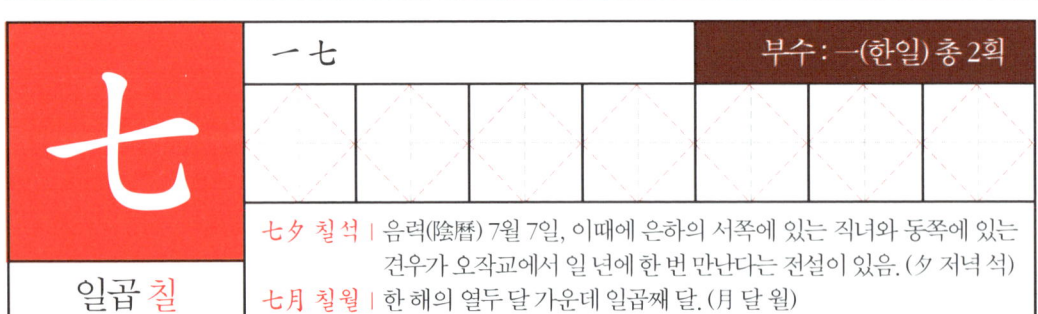

| 七 일곱 칠 | `一 七` | 부수: 一(한일) 총 2획 |

- 七夕 칠석 | 음력(陰曆) 7월 7일, 이때에 은하의 서쪽에 있는 직녀와 동쪽에 있는 견우가 오작교에서 일 년에 한 번 만난다는 전설이 있음. (夕 저녁 석)
- 七月 칠월 | 한 해의 열두 달 가운데 일곱째 달. (月 달 월)

他

ノ亻亻什他他

부수: 亻(사람인변) 총 5획

다를 타

他國 타국 | 자기 나라가 아닌 남의 나라. (國 나라 국)
他意 타의 | 다른 생각. 또는 다른 마음. (意 뜻 의)
他人 타인 | ①다른 사람. 남. 타자(他者). ②자기(自己) 이외(以外)의 사람. (人 사람 인)

打

一十才打打

부수: 扌(재방변) 총 5획

칠 타

打球 타구 | 야구 따위에서, 공을 치는 일. 또는 그 공. (球 공 구)
打席 타석 | 야구(野球)에서, 타자가 공을 치도록 정해 놓은 구역. (席 자리 석)
打者 타자 | 야구(野球)에서 배트로 공을 치는 공격진(攻擊陣)의 선수(選手). (者 놈 자)

卓

丨卜占占占卓卓

부수: 十(열십) 총 8획

높을 탁

卓球 탁구 | 나무로 된 대(臺)의 중앙(中央)에 네트를 치고 셀룰로이드 공을 라켓으로 쳐 넘겨 승부(勝負)를 겨루는 실내(室內) 경기(競技). (球 공 구)
卓越 탁월 | 월등(越等)하게 뛰어남. (越 넓을 월)

炭

丨山山产炭炭炭

부수: 火(불화) 총 9획

숯 탄

炭鑛 탄광 | 석탄(石炭)을 캐내는 광산(鑛山). (鑛 쇳돌 광)
炭脈 탄맥 | 땅 속에 묻혀 있는 석탄(石炭) 줄기. (脈 줄기 맥)
炭火 탄화 | 숯불. 숯이 타는 불. (火 불 화)

太

一ナ大太

부수: 大(큰대) 총 4획

클 태

太陽 태양 | ①태양계의 중심을 이루는 발광체로 지구(地球)에서 가장 가까운 항성(恒星). ②매우 소중하거나 희망을 주는 존재를 비유적으로 이르는 말. (陽 볕 양)

宅 집 택, 집 댁

丶 宀 宀 宇 宅 宅

부수: 宀 (갓머리) 총 6획

- 宅地 택지 | 집터. 집을 지을 땅. (地 땅 지)
- 自宅 자택 | 자기(自己)의 집. (自 스스로 자)
- 住宅 주택 | 사람이 들어가 살 수 있게 지은 건물. (住 살 주)

土 흙 토

一 十 土

부수: 土(흙토) 총 3획

- 土器 토기 | 진흙으로 만들어 잿물을 올리지 않고 구운 그릇. (器 그릇 기)
- 土地 토지 | 땅, 흙, 논밭, 집터, 터. (地 땅 지)
- 風土 풍토 | 기후(氣候)와 토지(土地)의 상태(狀態). (風 바람 풍)

通 통할 통

丶 丷 ⼽ 冂 冃 甬 甬 通 通

부수: 辶(책받침) 총 11획

- 通信 통신 | ① 소식을 전함. (信 믿을 신)
- 交通 교통 | 자동차·기차·배·비행기 따위를 이용하여 사람이 오고 가거나, 짐을 실어 나르는 일. (交 사귈 교)

特 특별할 특

丿 ㅑ 牜 牛 牜 特 特 特 特

부수: 牛(소우) 총 10획

- 特技 특기 | 남이 가지지 못한 특별한 기술이나 기능(技能). (技 재주 기)
- 特別 특별 | 보통과 구별되게 다름. (別 나눌 별)
- 特色 특색 | 보통의 것과 다른 점. (色 빛 색)

板 널빤지 판

十 オ 木 木 朾 板 板 板

부수: 木(나무목) 총 8획

- 板閣 판각 | 경판(經版)을 쌓아 두는 전각(殿閣). (閣 집 각)
- 板橋 판교 | 널다리. 널빤지를 깔아서 놓은 다리. (橋 다리 교)
- 板石 판석 | 널돌. 널판같이 뜬 돌. (石 돌 석)

八 여덟 팔

ノ 八

부수: 八(여덟팔) 총 2획

八達 팔달 | ① 길이 팔방(八方)으로 통하여 있음. ② 모든 일에 정통(精通)함. (達 통달할 달)
八十 팔십 | 여든, 나이 여든 살. (十 열 십)

敗 패할 패

冂 目 目 貝 貶 敗 敗

부수: 攵(등글월문) 총 11획

敗亡 패망 | 싸움에 져서 망(亡)함. (亡 망할 망)
敗業 패업 | 사업(事業)에 실패(失敗)함. (業 일 업)
敗戰 패전 | 싸움에 짐. (戰 싸움 전)

便 편할 편, 똥오줌 변

ノ 亻 亻 仁 佢 佢 佢 便 便

부수: 亻(사람인변) 총 9획

簡便 간편 | 간단(簡單)하고 편리(便利)함. (簡 대쪽 간)
便利 편리 | 편하고 이로우며 이용하기 쉬움. (利 이로울 리)
小便 소변 | 오줌. (小 작을 소)

平 평평할 평

一 ㇀ ㇁ 䒑 平

부수: 干(방패간) 총 5획

平和 평화 | ① 평온(平穩)하고 화목(和睦)함. ② 전쟁(戰爭), 분쟁 또는 일체의 갈등이 없이 평온함, 또는 그런 상태. (和 화할 화)
平等 평등 | 권리, 의무, 자격 등이 차별 없이 고르고 한결같음. (等 무리 등)

表 겉 표

一 二 キ 主 丰 丰 表 表

부수: 衣(옷의) 총 8획

表面 표면 | 사물의 가장 바깥쪽. 또는 가장 윗부분. (面 낯 면)
表現 표현 | ① 생각이나 느낌 따위를 언어나 몸짓의 형상으로 드러내어 나타냄. ② 눈앞에 나타나 보이는 사물의 모양과 상태. (現 나타날 현)

品 물건 품	丨 口 口 品 品 品 品 品	부수: 口(입구) 총 9획
	品名 품명 ㅣ 물품(物品)의 이름. 품종(品種)의 이름. (名 이름 명) 品目 품목 ㅣ 물품(物品)의 의 이름을 쓴 목록. (目 눈 목) 品性 품성 ㅣ 품격과 성질(性質)을 아울러 이르는 말. (性 성품 성)	

風 바람 풍	丿 几 几 凡 凤 凨 風 風 風	부수: 風(바람풍) 총 9획
	風景 풍경 ㅣ 어떤 상황이나 형편이나 분위기 가운데에 있는 어느 곳의 모습. (景 볕 경) 風力 풍력 ㅣ ①바람의 세기. ②동력으로서의 바람의 힘. (力 힘 력) 風習 풍습 ㅣ 풍속(風俗)과 습관(習慣)을 아울러 이르는 말. (習 익힐 습)	

必 반드시 필	丶 丿 必 必 必	부수: 心(마음심) 총 5획
	必讀 필독 ㅣ 반드시 읽어야 함. 꼭 한 번은 읽을 가치(價値)가 있음. (讀 읽을 독) 必須 필수 ㅣ 꼭 있어야 하거나 하여야 함. (須 모름지기 수) 必要 필요 ㅣ 반드시 요구되는 바가 있음. (要 요긴할 요)	

筆 붓 필	㇒ ㇒ 竹 竹 竺 筆 筆 筆	부수: 竹(대죽) 총 12획
	筆記 필기 ㅣ ① 글씨를 씀. ② 강의(講義). 연설(演說) 따위의 내용을 받아 적음. (記 기록할 기) 筆順 필순 ㅣ 글씨, 특히 한자(漢字)를 쓸 때에 붓을 놀리는 순서(順序). (順 순할 순)	

下 아래 하	一 丅 下	부수: 一(한일) 총 3획
	臣下 신하 ㅣ 임금을 섬기어 벼슬을 하는 자리에 있는 사람. (臣 신하 신) 下流 하류 ㅣ ① 강이나 내의 흘러가는 물의 아래편. ② 수준 따위가 낮은 부류. (流 흐를 류)	

一 ㄧ ㄏ ㄏ ㄏ 亓 頁 頁 夏 夏	부수: 夂(천천히걸을쇠발) 총 10획

여름 하

清夏 청하 | 맑고 산뜻한 여름. (淸 맑을 청)
夏季 하계 | 여름철. (季 계절 계)
夏服 하복 | 여름 옷. (服 옷 복)

丶 氵 汀 汀 河 河 河	부수: 氵(삼수변) 총 8획

물 하

河口 하구 | 강물이 큰 강이나 호수(湖水) 또는 바다로 흘러 들어가는 어귀. (口 입 구)
河川 하천 | 강과 시내를 아울러 이르는 말. (川 내 천)
山河 산하 | 산과 내라는 뜻으로, '자연'을 이르는 말. (山 메 산)

´ ⻗ ⻗ ⻗ ⻗ ⻗ 臼 臼 與 與 學 學	부수: 子(아들 자) 총 16획

배울 학

學校 학교 | 일정한 목적·교과 과정·설비·제도 및 법규에 의하여 교사가 계속적으로 학생에게 교육을 실시하는 기관. (校 학교 교)
學問 학문 | 어떤 분야를 체계적으로 배워서 익힘. 또는 그런 지식(知識). (問 물을 문)

十 古 古 古 卓 卓 卓 卓' 卓⺈ 韩 韩 韓 韓	부수: 韋(가죽 위) 총 17획

나라 이름 한, 한국 한

韓國 한국 | 대한민국(大韓民國)의 약칭(略稱). (國 나라 국)
韓流 한류 | 우리나라의 대중문화 요소가 외국에서 유행하는 현상. (流 흐를 류)
韓服 한복 | 우리나라의 고유(固有)한 옷. (服 옷 복)

丶 氵 汀 汀 沽 洭 漢 漢 漢 漢	부수: 氵(삼수변) 총 14획

漢

한수 한

漢詩 한시 | 한문(漢文)으로 지은 시(詩). (詩 시 시)
漢江 한강 | 우리나라 중부를 흐르는 강. 태백산맥에서 시작하여 황해로 흘러듦. (江 강 강)

河海之恩 하해지은 큰 강이나 넓은 바다와 같이 넓고 큰 은혜(恩惠). 河 물 하 | 海 바다 해 | 之 갈 지 | 恩 은혜 은 105

寒

丶宀宀宀宜宝宰寒寒

부수: 宀(갓머리) 총 12획

찰 한

- 寒冷 한랭 | 날씨 따위가 춥고 참. (冷 찰 랭)
- 寒心 한심 | 정도(程度)에 너무 지나치거나 모자라서 가엾고 딱함. (心 마음 심)
- 寒害 한해 | 추위로 말미암아 받은 손해(損害). (害 해할 해)

合

丿人亼今合合

부수: 口(입구) 총 6획

합할 합

- 合格 합격 | 시험, 검사, 심사 따위에서 일정한 조건을 갖추어 어떠한 자격이나 지위 따위를 얻음. (格 격식 격)
- 合同 합동 | 둘 이상의 조직이나 개인이 모여 행동이나 일을 함께함. (同 한가지 동)

海

丶丶氵氵汇汇海海海海

부수: 氵(삼수변) 총 10획

바다 해

- 海軍 해군 | 바다에서 전투(戰鬪)를 맡아 하는 군대(軍隊). (軍 군사 군)
- 海洋 해양 | 넓은 바다, 지구(地球)의 거죽에 큰 넓이로 짠물이 많이 괴어 있는 곳. (洋 물 양)

害

丶宀宀宀宝害害害害

부수: 宀(갓머리) 총 10획

해할 해

- 害毒 해독 | 좋고 바른 것을 망치거나 언짢게 하여 손해(損害)를 끼침. 또는 그 손해. (毒 독 독)
- 害惡 해악 | 해로움과 악함을 아울러 이르는 말. (惡 악할 악)

幸

一十土𠃍𠮷𠮷幸幸

부수: 干(방패간) 총 8획

다행 행

- 幸福 행복 | ① 복된 좋은 운수. ② 생활에서 충분한 만족과 기쁨을 느끼어 흐뭇함. 또는 그러한 상태. (福 복 복)
- 幸運 행운 | 좋은 운수. 또는 행복한 운수. (運 옮길 운)

行	⼂ ⼃ ⼻ ⼻ ⾏ 行	부수 : 行(다닐행) 총 6획
다닐 행	遂行 수행 ｜ 계획(計劃)한 대로 해냄. (遂 드디어 수) 行動 행동 ｜ 몸을 움직여 동작을 하거나 어떤 일을 함. (動 움직일 동) 行事 행사 ｜ 어떤 일을 시행함. 또는 그 일. (事 일 사)	

向	⼂ ⼃ ⼓ 向 向 向	부수 : 口(입구) 총 6획
향할 향	志向 지향 ｜ 뜻이 쏠리는 방향(方向). (志 뜻 지) 向上 향상 ｜ 실력, 수준, 기술 따위가 나아짐. 또는 나아지게 함. (上 위 상) 向後 향후 ｜ ① 이다음. ② 뒤미처(그 뒤에 곧 잇따라) 오는 때나 자리. (後 뒤 후)	

許	⼂ ⼀ 言 言 言 許 許 許	부수 : 言(말씀언) 총 11획
허락할 허	許可 허가 ｜ 행동(行動)이나 일을 하도록 허용(許容)함. (可 옳을 가) 許容 허용 ｜ 허락(許諾)하여 너그럽게 받아들임. (容 얼굴 용) 許諾 허락 ｜ 청하는 일을 하도록 들어줌. (諾 허락할 락)	

現	⼀ ⼆ ⼻ 王 玎 珇 珇 現 現	부수 : 王(구슬옥변) 총 11획
나타날 현	現在 현재 ｜ ① 지금의 시간. ② 기준으로 삼은 그 시점. (在 있을 재) 現場 현장 ｜ ① 사물이 현재 있는 곳. ② 일이 생긴 그 자리. ③ 일을 실제 진행하거나 작업하는 그곳. (場 마당 장)	

兄	⼀ ⼝ ⼞ ⼞ 兄	부수 : 儿(어진사람인발) 총 5획
형 형	兄弟 형제 ｜ 형과 아우. (弟 아우 제) 仁兄 인형 ｜ 벗에 대한 높임말, 편지글에서 친구 사이에 상대편을 높여 이르는 이인칭 대명사. (仁 어질 인)	

免許皆傳 면허개전 스승이 예술(藝術)이나 무술(武術)의 깊은 뜻을 모두 제자(弟子)에게 전(傳)해 줌을 이르는 말. 免 면할 면 ｜ 許 허락할 허 ｜ 皆 다 개 ｜ 傳 전할 전

形	一 二 チ 开 开 形 形	부수: 彡(터럭삼) 총 7획
모양 형	形成 형성 | 어떤 형상을 이룸. (成 이룰 성) 形式 형식 | ① 사물이 외부로 나타나 보이는 모양. ② 일을 할 때의 일정한 절차나 양식 또는 한 무리의 사물을 특징짓는 데에 공통적으로 갖춘 모양. (式 법 식)	

號	口 口 号 号 号㇑ 号⺋ 号虎 号虎 號 號 號	부수: 虍(범호엄) 총 13획
이름 호, 부르짖을 호	口號 구호 | 집회나 시위에서 요구나 주장을 간결한 형식으로 표현한 문구. (口 입 구) 信號 신호 | 일정한 부호, 표지, 소리, 몸짓 따위로 특정한 내용 또는 정보를 전달하거나 지시를 함. 또는 그렇게 하는 데 쓰는 부호. (信 믿을 신)	

湖	` 氵 汁 汁 汁 油 湖 湖 湖	부수: 氵(삼수변) 총 12획
호수 호	湖畔 호반 | 호숫가. 호수(湖水)의 언저리. (畔 밭두둑 반) 湖水 호수 | 큰 못. 육지(陸地)가 우묵하게 패어 물이 괴어 있는 곳. (水 물 수) 湖心 호심 | 호수(湖水)의 한 가운데. (心 마음 심)	

火	丶 丷 少 火	부수: 火(불화) 총 4획
불 화	火山 화산 | 땅속에 있는 가스, 마그마 따위가 지각의 터진 틈을 통하여 지표로 나와 쌓여서 이루어진 산으로 사화산(死火山), 휴화산(休火山), 활화산(活火山)으로 나뉨. (山 메 산)	

話	丶 亠 宀 言 言 言 言 訁 訐 訐 話 話	부수: 言(말씀언) 총 13획
말씀 화	對話 대화 | 마주 대(對)하여 서로 의견(意見)을 주고받으며 이야기하는 것, 또는 그 이야기. (對 대할 대) 通話 통화 | 전화로 말을 주고받음. (通 통할 통)	

湖海之士 호해지사 호탕(豪宕)한 기풍(氣風)으로 초야(草野)에 묻혀 사는 사람을 이르는 말. 湖 호수 호 \| 海 바다 해 \| 之 갈 지 \| 士 선비 사

花

一 十 丗 丗 花 花 花

부수: ++(초두머리) 총 8획

꽃 화

花草 화초 | 꽃이 피는 풀과 나무. 또는, 꽃이 없더라도 분에 심어서 관상용(觀賞用)이 되는 온갖 식물(植物). (草 풀 초)
開花 개화 | ①꽃이 핌. ②사람의 지혜가 열리고 사상·풍속이 발달함. (開 열 개)

和

一 二 千 禾 禾 禾 和 和

부수: 口(입구) 총 8획

화할 화

調和 조화 | 서로 잘 어울림. (調 고를 조)
和答 화답 | 시(詩)나 노래에 응하여 대답함. (答 대답할 답)
和合 화합 | 화목하게 어울림. (合 합할 합)

畫

一 ㄱ ㅋ ㅋ 聿 書 書 書 書 畫 畫 畫

부수: 田(밭전) 총 12획

그림 화

畫家 화가 | 그림 그리는 것을 직업으로 하는 사람. (家 집 가)
畫面 화면 | ①그림 따위를 그린 면. ②텔레비전이나 컴퓨터 따위에서 그림이나 영상이 나타나는 면. (面 낯 면)

化

ノ 亻 亻 化

부수: 匕(비수비) 총 4획

될 화

化合 화합 | 둘 또는 둘 이상(以上)의 물질(物質)이 결합(結合)하여 본디의 성질(性質)을 잃어버리고 새로 특유(特有)한 성질(性質)을 가진 물질(物質)이 되는 일. (合 합할 합)

患

丨 ㅁ 吕 吕 吕 患 患 患

부수: 心(마음심) 총 11획

근심 환

患亂 환란 | 근심과 재앙(災殃)을 통틀어 이르는 말. (亂 어지러울 란)
患部 환부 | 병(病)이나 상처(傷處)가 난 곳. (部 떼 부)
患者 환자 | 병을 앓는 사람. (者 놈 자)

變化無雙 변화무쌍 세상(世上)이 변(變)하여 가는 것이 더할 수 없이 많고 심(甚)함. 變 변할 변 | 化 될 화 | 無 없을 무 | 雙 두 쌍/쌍쌍

한자	필순	부수/획수
活 (살 활)	丶丶㇇㇇氵汁汗洴活活活	부수: 氵(삼수변) 총 9획

活力 활력 | 살아 움직이는 힘. (力 힘 력)
生活 생활 | ① 사람이나 동물이 일정한 환경에서 활동(活動)하며 살아감. ② 생계(生計)나 살림을 꾸려 나감. (生 날 생)

한자	필순	부수/획수
黃 (누를 황)	一十卄芇芇芇苔苗黄黄黄黄	부수: 黃(누를황) 총 12획

黃金 황금 | ① 누런빛의 금이라는 뜻으로, 금을 다른 금속과 구별하여 이르는 말. ② 돈이나 재물을 비유적으로 이르는 말. (金 쇠 금, 성 김)
黃土 황토 | 누렇고 거무스름한 흙. (土 흙 토)

한자	필순	부수/획수
會 (모일 회)	丿人亼亼合合侖侖會會會	부수: 曰(가로왈) 총 13획

會社 회사 | 상행위 또는 그밖의 영리 행위를 목적으로 하는 사단 법인. (社 모일 사)
會長 회장 | ① 모임을 대표하고 모임의 일을 총괄하는 사람. ② 회사에서 사장 위의 직책. (長 길 장)

한자	필순	부수/획수
孝 (효도 효)	一十土耂耂孝孝	부수: 子(아들자) 총 7획

孝道 효도 | 부모(父母)를 잘 섬기는 도리(道理), 또는 부모(父母)를 정성껏 잘 섬기는 일. (道 길 도)
孝誠 효성 | 마음껏 어버이를 잘 섬기는 정성(精誠). (誠 정성 성)

한자	필순	부수/획수
效 (본받을 효)	丶亠𠆢亥亥 效效效	부수: 攵(등글월문) 총 10획

效果 효과 | 어떤 목적을 지닌 행위에 의하여 드러나는 보람이나 좋은 결과(結果). (果 실과 과)
效能 효능 | 효험(效驗)을 나타내는 능력(能力). (能 능할 능)

後	ˊ ㄗ ㄔ ㄔ ㄔ ㄔ 彳 ㄔ 彳 後 後	부수: 彳(두인변) 총 9획
뒤 후		

以後 이후 | ① 이제부터 뒤. ② 기준(基準)이 되는 때를 포함하여 그보다 뒤. (以 써 이)
後退 후퇴 | 뒤로 물러남. (退 물러날 퇴)
後悔 후회 | 이전의 잘못을 깨치고 뉘우침. (悔 뉘우칠 회)

訓	ˋ ˊ ㄧ ㄒ 言 言 言 訂 訓 訓	부수: 言(말씀언) 총 10획
가르칠 훈		

訓手 훈수 | 바둑이나 장기를 둘 때 구경하던 사람이 끼어들어 수를 가르쳐 줌. (手 손 수)
訓長 훈장 | ① 글방의 선생. ② 학교에서 학생을 가르치는 사람을 예스럽게 이르는 말. (長 길 장)

休	ノ 亻 亻 仆 什 休	부수: 亻(사람인변) 총 6획
쉴 휴		

休息 휴식 | 하던 일을 멈추고 잠깐 동안 쉼. (息 쉴 식)
連休 연휴 | 이틀 이상(以上) 휴일(休日)이 겹침. 또는 그런 휴일(休日). (連 잇닿을 연)

凶	ノ ㄨ 凶 凶	부수: 凵(위튼입구몸) 총 4획
흉할 흉		

凶家 흉가 | 드는 사람마다 흉한 일을 당(當)한다고 하는 불길(不吉)한 집. (家 집 가)
凶夢 흉몽 | 불길한 꿈. (夢 꿈 몽)
凶作 흉작 | 농작물의 수확이 평년작을 훨씬 밑도는 일. 또는 그런 농사. (作 지을 작)

黑	ㄇ ㅁ ㅁ 曰 甲 里 黑 黑	부수: 黑(검을흑) 총 12획
검을 흑		

黑幕 흑막 | 겉으로 드러나지 않은 음흉(陰凶)한 내막을 비유적으로 이르는 말. (幕 장막 막)
黑白 흑백 | ① 검은색과 흰색을 아우르는 말. ② 잘잘못이나 옳고 그름. (白 흰 백)

凶惡無道 흉악무도 | 성질(性質)이 거칠고 사나우며 도의심(道義心)이 없음. 凶 흉할 흉 | 惡 악할 악 | 無 없을 무 | 道 길 도

★ 한자를 쉽고 재미있게 배워요!

一	二	三	四	五	六	七	八	九	十
일	이	삼	사	오	육	칠	팔	구	십
日	月	火	水	木	金	土	萬	外	門
일	월	화	수	목	금	토	만	외	문
山	寸	白	小	女	父	母	兄	弟	長
산	촌	백	소	녀	부	모	형	제	장
東	西	南	北	人	學	校	先	生	王
동	서	남	북	인	학	교	선	생	왕
敎	室	中	靑	年	大	韓	民	國	軍
교	실	중	청	년	대	한	민	국	군

숫자

一 二 三 四 五 六 七 八 九 十 萬
일 이 삼 사 오 육 칠 팔 구 십 만

요일

日 月 火 水 木 金 土
일 월 화 수 목 금 토

가족

父 母 兄 弟 女 人 外 寸
부 모 형 제 여 인 외 촌

학교

學 校 長 先 生 敎 室 年
학 교 장 선 생 교 실 년

국가·크기

大 韓 民 國 中 小 王 軍
대 한 민 국 중 소 왕 군

방위·자연

東 西 南 北 靑 白 山 門
동 서 남 북 청 백 산 문